LA TERRE ORIGINELLE

Du même auteur

Le Cigogneau, Flammarion, 1999
La Voix de son maître, La Martinière, 2006
La Mémoire du lièvre, Pygmalion, 2007
Les Larmes et l'espoir, coécrit avec Élise Fischer, Presses de la Cité, 2011
Un cœur entre deux rives, Presses de la Cité, 2012
La Maison Vogel, Calmann-Lévy, 2013
L'Enfant de la cerisaie, Calmann-Lévy, 2014
La Dynastie des Weber, Calmann-Lévy, 2015
Les Jumeaux du Val d'Amour, Calmann-Lévy, 2016
Le Roman d'Elsa, Presses de la Cité, 2017
La Promesse de Rose, Calmann-Lévy, 2017
Les Bellanger, Calmann-Lévy, 2018
La Dame des Genêts, Calmann-Lévy, 2018
L'Air de l'espoir, Presses de la cité, 2019
L'Or de Salomé, Calmann-Lévy, 2019
La Première Amie, Presses de la cité, 2020

Geneviève Senger

LA TERRE ORIGINELLE

Roman

CALMANN LEVY
territoires

CALMANN LÉVY
ÉDITEUR DEPUIS 1836

Couverture
Conception graphique : Le Petit Atelier
Photographie : © Joana Kruse / Arcangel Images

ISBN : 978-2-7021-6896-7

Pour mes enfants, grands et petits,
et surtout pour Benjamin,
amoureux des cailloux de Cahors…

Pour tous ceux qui sont en quête
d'une terre originelle…

I

LES TEMPS PROSPÈRES

1

Un bruit étrange traversa le silence de l'aube. Les étoiles venaient de s'éteindre et une lumière nouvelle blanchissait la campagne. Déjà l'aurore posait ses couleurs chaudes sur la ville de Cahors, sur les pierres de la cathédrale, illuminait les tours du pont Valentré et obligeait les dormeurs à ouvrir un œil dans le jour qui se levait.

Léonie, la jeune bonne de maître Gaillard, était debout depuis longtemps déjà. Elle n'avait pas réussi à s'endormir, en cette chaude nuit d'août. Sans doute à cause de sa chambre sous les toits, que même la nuit ne rafraîchissait pas. Aussi s'était-elle rhabillée, et pour donner une raison à sa promenade nocturne avait-elle décidé d'aller cueillir des pêches au milieu des vignes. En rentrant, elle confectionnerait un de ces clafoutis que Mme Gaillard aimait tant!

Léonie s'arrêta, si troublée par ce bruit insolite qu'elle resta immobile entre les ceps de vigne. Elle tendit l'oreille. Mais le silence était revenu, et la campagne reposait en paix. Elle avait dû rêver.

Calme-toi, Léonie, regarde bien autour de toi et tu verras que ton imagination te joue des tours! Mme Gaillard a raison de dire que tu es très émotive depuis quelque temps. Tu aurais mieux fait de rester dans ton lit et d'essayer de dormir au lieu d'aller prendre l'air!

La jeune fille leva les yeux vers la cabane de pierre et aperçut l'oiseau: c'était un engoulevent de belle stature, fièrement dressé sur le toit de la cazelle, cette cabane où maître Gaillard rangeait ses outils, et parfois même se reposait au milieu de ses chères vignes.

L'oiseau lança ses trilles dans le jour naissant, et ce chant avait quelque chose de tellement puissant et douloureux à la fois que Léonie en resta saisie. Elle ne pouvait détacher son regard de l'oiseau de nuit qui, à cette heure matinale, aurait déjà dû prendre ses quartiers, à l'abri de la lumière, et se reposer des fatigues de la chasse.

Mais il demeurait là, perché sur le toit, dardant ses yeux perçants sur Léonie; elle baissa les siens, impressionnée.

Elle frissonna, ramena son châle autour de ses bras comme pour se protéger, non pas de la fraîcheur du matin mais surtout de ce danger obscur, invisible, sur lequel elle ne pouvait mettre de nom.

La journée promettait d'être si belle, comme tous les autres jours de cet été flamboyant. On s'en souviendrait sans doute longtemps de cet été 1850! Un été où seul parfois un vent venu de l'océan, lointain, amenait quelque souffle. Mais personne ne se plaignait de cette chaleur. Ce soleil généreux faisait grossir les raisins, pour le plus grand bonheur de tous.

Léonie ne pouvait se résigner à reprendre sa marche. Pourtant, il fallait qu'elle soit rentrée avant le réveil de Mme Gaillard! La pauvre venait de perdre une fois de plus le bébé qu'elle portait, à trois mois de grossesse, et passait une grande partie de ses jours à pleurer. Léonie en était parfois exaspérée, madame n'était pas raisonnable, vu le nombre de fausses couches qu'elle avait faites ! Des petits êtres en devenir, qui atterrissaient dans les draps, ou par terre, et qu'elle devait, elle, ramasser et ensevelir dans un coin du jardin, en catimini, car ni le maître ni la maîtresse ne voulaient voir ce fœtus incapable de s'accrocher à la vie.

Non, madame n'était pas raisonnable et monsieur encore moins. Il s'obstinait à vouloir un fils, contre l'avis du docteur… N'est pire sourd que celui qui ne veut pas entendre, se disait Léonie qui tenait cet adage de la fermière. Cette dernière l'avait élevée jusqu'au moment où elle avait été placée chez les Gaillard, une famille de Cahors, dont l'arbre généalogique remontait au moins jusqu'au Moyen Âge

L'appel reprit, plus puissant encore, et l'oiseau pencha légèrement la tête, comme inquiet lui aussi. Sans doute ne s'attendait-il pas à être dérangé… De mémoire d'oiseau, sans doute, jamais il n'avait entendu rien ni personne venir troubler le petit matin de cette campagne si paisible. Les paysans n'étaient pas encore à pied d'œuvre, et les vignes appartenaient toujours à la nuit et à ses habitants à poils et à plumes. Mais l'oiseau en était certain : ce bruit ne provenait pas d'un animal !

Léonie posa son panier en osier à ses pieds et réfléchit en essayant de ne pas céder à la panique. Ce bruit si étrange ne ressemblait-il pas à un miaulement ? Rien de grave, donc, comme elle l'avait bêtement imaginé.

Devait-elle vérifier qu'aucun chat ne se cachait dans la cazelle ? Mais qu'en ferait-elle ? Elle pourrait certes l'emporter et le soigner, mais elle serait obligée de désobéir à ses maîtres. Les Gaillard n'apprécieraient pas de découvrir un chat malade ou incapable de chasser les souris. Et puis des chats, la maison en abritait déjà deux, dans l'appentis. Ils ne portaient pas de nom, et elle était la seule à s'en approcher pour les caresser et leur apporter un bol de lait.

Ramener un chat n'était pas une bonne idée.

Au moment où la jeune fille s'apprêtait à reprendre son chemin, son panier en osier au bout du bras, l'engoulevent quitta le toit de la cazelle et la frôla de si près qu'elle crut qu'il fonçait sur elle.

Léonie était superstitieuse, comme beaucoup de gens de son entourage, comme la vieille fermière qui répétait que tout dans la nature était signe. Qu'il fallait savoir écouter le vent, les nuages, les animaux, qu'il était juste et bon de les entendre et de respecter les nombreux messages que Dieu envoyait à ses ouailles, à travers les manifestations de la vie quotidienne.

Alors, Léonie reposa son panier sur la terre caillouteuse et rebroussa chemin.

Le miaulement provenait de la cazelle, elle en était sûre. Tant pis pour la prudence, elle soignerait ce chaton affamé, sans en parler à personne.

C'était ce que sa conscience à ce moment-là lui dictait. Et il faut toujours écouter sa conscience, répétait la fermière.

Elle marchait lentement pourtant, comme à regret, se demandant si au lieu du chaton elle n'allait pas tomber sur un renard blessé, qui pourrait la mordre, et dans ce cas elle risquait de succomber à la rage, dans d'affreuses souffrances. Ces choses-là arrivaient.

Léonie était une enfant courageuse, et il lui en avait fallu du courage pour survivre à l'abandon de sa mère, lorsque l'orphelinat lui avait trouvé cette famille de fermiers au bord du Lot, à Puy-l'Évêque.

Pour oublier sa peur, elle se mit à chantonner un refrain que Mme Gaillard lui avait appris, un jour où elle était gaie. Ce refrain parlait de vignes, bien sûr, puisque le raisin, les ceps et les vendanges, le vin et les chais étaient au cœur de leur vie.

Léonie poussa la porte de la cazelle, une planche en bois assez rudimentaire, en inspirant largement pour dompter sa peur.

La pièce était sombre mais elle parvint à distinguer le grabat dont se servait le maître quand il dormait sur place, les outils et la minuscule table contre le mur. Elle plissa les yeux mais n'aperçut rien d'anormal, ni chat et encore moins de renard dont la fourrure rousse se serait détachée dans la pénombre.

Pourtant le miaulement reprit. Alors elle ouvrit encore davantage la porte et la lumière envahit la cabane.

Elle remarqua le petit paquet.

C'était une forme enveloppée dans une couverture de laine brune.

Elle s'avança et se pencha. Puis recula, effrayée. Du paquet émanait ce miaulement.

Elle posa la main sur la couverture, en rabattit les pans, et une petite figure, minuscule et chiffonnée, rouge et poisseuse, s'en dégagea.

Elle n'avait jamais vu de nouveau-né, seulement les fœtus que Mme Gaillard expulsait deux à trois fois par an, en moyenne, mais elle n'eut aucun doute.

Un nourrisson. Il doit être âgé de quelques heures au plus, sinon, il n'aurait pas survécu, seul, dans cette cabane.

Son cœur battait à tout rompre. Elle en avait les mains moites. Un nouveau-né ! Au milieu des vignes de maître Gaillard ! Dans sa propriété !

Le bébé vagissait, puis peu à peu, comme s'il comprenait qu'il allait être secouru, il sembla se calmer et le silence tomba sur les vignes, sur la cabane, sur la jeune fille et sa découverte.

Léonie tremblait à présent, de tous ses membres. Elle avait l'impression que ses jambes flageolaient, qu'elles n'arriveraient plus à la porter et qu'elle allait s'écrouler, incapable de faire un pas, de tenter un geste.

Un peu de nerf, s'intima-t-elle à mi-voix. *Tu ne peux pas abandonner ce nouveau-né à son sort, tu dois en faire quelque chose.*

Quelque chose, mais quoi ?

Elle n'osait pas le sortir de sa couverture pour le contempler, pour voir s'il était bien formé et en bonne santé.

Trop impressionnée.

Elle qui était venue pour cueillir des pêches !

Dois-je l'amener chez monsieur le curé ? Sa bonne, la vieille Eulalie, saurait quoi en faire ; on le conduirait à l'orphelinat, où l'on prendrait soin de lui.

Sans trop savoir pourquoi, Léonie repoussa cette idée.

Elle pouvait aussi le déposer chez le médecin, qui habitait à quelques pas de la demeure des Gaillard. Déjà il pourrait vérifier si l'enfant était sain, ensuite lui aussi trouverait une solution. Voire chez le pharmacien.

Aucune de ces idées ne lui plaisait.

Alors elle prit le paquet silencieux dans ses bras, et sortit sur le pas de la porte. De là, elle avait une vue plongeante sur la ville de Cahors, le pont Valentré qui sautait si joliment sur le Lot et lui permettrait d'atteindre l'autre rive.

Chez elle, c'est-à-dire chez les Gaillard.

Puisque l'enfant avait été déposé dans les vignes du maître, c'était à lui de prendre une décision concernant son avenir.

Léonie traversait le pont Valentré. D'habitude, elle ne pouvait s'empêcher de marquer un arrêt, arrivée au milieu, à l'endroit où la vue était la plus spectaculaire, englobant la rivière et les collines alentour, avec la ville de Cahors en ligne de mire, ses clochers et les tuiles de ses toits, joliment dorés par la lumière du matin. C'était un spectacle enchanteur dont elle ne se lassait pas, quand elle revenait des vignes, son panier sous le bras. Toujours elle prenait le temps de savourer la douceur de la rivière, une douceur seulement apparente car le Lot était capable de se mettre en colère, de grossir et de gronder…

Mais ce matin la rivière était si calme!

Léonie écarta un pan de couverture: le bébé s'était endormi contre sa poitrine. Il semblait si confiant que Léonie soupira. Le pauvre ne se doutait de rien! Un enfant abandonné, comme un animal, sans toit et sans maître pour veiller sur lui. Et si elle n'avait pas entendu son appel, il était condamné à périr, seul, sur la terre battue de la cabane.

Léonie se hâtait maintenant, jetant à peine un regard au cours d'eau. Elle s'engagea dans la rue principale. La boulangère était en train d'ouvrir son échoppe, retirant le volet de bois, qu'elle posait soigneusement contre le mur. Une délicieuse odeur de pain frais émanait de la boutique.

— Bonjour, Léonie ! Tu as l'air bien pressée, petite !

Léonie se contenta de sourire, marmonnant un bonjour, et se mit à courir, autant pour échapper à la curiosité de la commère que pour se débarrasser de ce petit paquet. Elle se sentait si fatiguée ! Une fatigue qu'on pouvait attribuer à ce fardeau qu'elle portait contre elle. Elle était si jeune, quinze ans à peine !

Je n'aurais pas dû aller dans les vignes ce matin, murmura-t-elle, *rien ne serait arrivé. Tout cela à cause de ces maudites pêches ! Ma gentillesse me perdra.*

Elle poussa un cri. Les pêches ! Elle les avait oubliées ! Elles reposaient dans la corbeille en osier, là-bas, au milieu des vignes. Et elle n'avait plus le temps de rebrousser chemin, avec son fardeau dans les bras. Avec la chaleur qui montait déjà dans le matin, les fruits tourneraient rapidement et seraient bons à jeter au fumier.

Petite sotte, maugréa-t-elle entre ses dents.

— Léonie, Léonie !

Elle avait reconnu la voix d'Adrienne, la jeune bonne du boucher qui, elle aussi, ouvrait la boutique de son maître, M. Dupuy, un homme sanguin et puissant comme un taureau que les clients respectaient, de peur de recevoir les morceaux de viande les moins tendres.

Léonie ne tourna pas la tête et s'engouffra dans l'étroite rue des Pénitents. Elle serait bientôt à l'abri. Dès qu'elle aurait franchi la porte cochère, elle pourrait s'estimer sauvée !

À bout de souffle, la jeune fille grimpa les quelques marches qui menaient au saint des saints, la demeure des Gaillard, enfin demeure provisoire puisque le maître était en train de faire construire une autre maison au milieu de ses terres, de l'autre côté du pont, sur la colline qui surplombait Cahors et le Lot. Léonie aimait ces vieilles pierres patinées par les ans, l'odeur du bois et la rumeur de la ville qui lui parvenait dans sa chambrette sous les toits ; elle y vivait depuis que les fermiers l'avaient confiée, vendue disaient certains, à M. Gaillard qui cherchait une aide pas chère pour sa femme si souvent malade.

Entre les murs solides de la vieille maison, Léonie se sentit mieux. Elle poussa la porte qui donnait sur la grande pièce.

Comme elle s'y attendait, celle-ci était vide. Mme Mathilde se reposait encore, à défaut de dormir, dans la chambre conjugale, à l'étage du dessus. Et le maître, au vu du bol qui reposait sur la longue table en bois et des miettes de pain, avait déjà pris son en-cas du matin et était parti. C'était un homme besogneux. Il travaillait aussi durement que ses domestiques. Histoire de montrer l'exemple, disait-il. Et il ajoutait : « Et aussi parce que j'aime ça ! »

Quand Léonie posa le paquet sur la table, le bébé se réveilla et se mit à crier. C'était un appel déchirant venu du fond de ses petits poumons si jeunes et si frais, un appel à l'aide, à la vie, à l'avenir. Léonie se remit à trembler. Comment le faire taire ? Il risquait de réveiller madame…

Petite sotte, tu dois tout lui dire. Sinon, que veux-tu faire de ce petiot? Le cacher comme un chaton, le nourrir en catimini? N'est-ce pas pour le confier à tes maîtres que tu l'as amené ici?

Léonie n'eut pas besoin de se poser davantage de questions. Une silhouette venait de s'encadrer dans le chambranle de la porte, et une voix de femme s'éleva:

— Que se passe-t-il, Léonie?

La silhouette avança d'un pas ferme vers la table et déjà défaisait la couverture. Le bébé apparut nu, recouvert de taches rouges, avec le cordon ombilical qui pendouillait, visiblement arraché n'importe comment, à l'aide des dents peut-être.

— Ainsi, je ne me suis pas trompée! Ce sont bien des vagissements!

Mme Mathilde se penchait sur l'enfantelet et le soupesait du regard, n'osant pas encore le prendre dans ses bras. Elle n'en revenait pas de voir, là, sur la table où elle prenait ses repas en compagnie de son mari, un nouveau-né, visiblement sain et bien formé. Une petite fille. Qui s'époumonait, ivre de rage, ivre de vivre, rouge de colère aussi.

Alors, écoutant son cœur, Mathilde Gaillard saisit le nourrisson et le serra contre elle, indifférente au sang qui allait tacher sa chemise de nuit immaculée.

L'enfant se calma aussitôt. Elle sembla même se recroqueviller contre le tissu, y posant sa joue rouge dans un geste de totale confiance. C'est du moins l'impression qu'en eut Léonie qui poussa un soupir de soulagement. Ça s'annonçait bien! La maîtresse ne s'était pas mise en colère, ne l'avait pas grondée, ne lui hurlait pas dessus comme cela arrivait si souvent, quand elle avait ses nerfs et qu'elle se défoulait sur sa petite servante.

Comme la jeune femme ne disait rien, Léonie hasarda :

— Je l'ai trouvée là-haut, j'ai entendu des miaulements, et… voilà, je ne savais pas quoi faire, alors je l'ai ramenée…

— Tu as bien fait, Léonie.

Mme Gaillard ne posa aucune question. Elle pressait le nourrisson sur sa poitrine, tellement émue qu'elle n'avait pas même envie de parler, de discuter, d'essayer de comprendre d'où venait cette enfant ni si elle appartenait à quelqu'un…

— On l'a abandonnée, à coup sûr, expliqua Léonie qui se redressait, contente de s'être débarrassée de son fardeau et de l'avoir remis entre des mains aussi fiables. Elle se sentait comme soulagée. Elle continua :

— À mon avis, elle n'était pas là depuis longtemps. Une femme est venue mettre bas dans la nuit et l'a laissée pour rentrer chez elle, avant que la ville ne se réveille. Ni vu ni connu, quoi. Adrienne, la bonne du boucher, m'a raconté un jour que ses parents avaient trouvé ainsi un nouveau-né sur le pas de leur porte…

Elle n'arrêtait pas de pérorer, mais Mme Gaillard l'écoutait à peine tant elle était absorbée, fascinée par le nourrisson blotti contre elle et qu'elle contemplait avec des yeux pleins d'amour déjà.

— Adrienne m'a dit que ses parents n'ont pas voulu le garder, ils l'ont porté chez le curé qui l'a placé chez les religieuses de Gramat. C'était une fille, alors les religieuses l'ont gardée…

Mme Gaillard sembla surgir de ses rêves et prononça :

— Je ne donnerai jamais cette petite fille aux religieuses. Je les respecte, mais la place d'un enfant n'est pas dans un couvent, aussi saint soit-il, mais dans une vraie famille, avec un père et une mère.

Elle observa un moment de silence, puis reprit d'une voix ferme :

— C'est Dieu qui t'a guidée vers elle. C'est sa volonté, et nous ne pouvons pas contrecarrer ses plans.

— Et le maître, que va-t-il dire ? Surtout que ce n'est pas un garçon… Le maître veut un fils, un héritier, risqua Léonie. Une pisseuse, il va pas être content…

— Mon époux devra se rendre à l'évidence que cette enfant nous est destinée et se plier à la volonté de Notre Seigneur, déclara avec force Mme Mathilde. Même lui doit savoir obéir de temps en temps. Et il obéira.

Une telle force émanait de cette dernière phrase que Léonie ne douta plus de la suite des événements. Mme Mathilde, sous ses dehors de femme fragile, était plus forte que bien d'autres ! Elle avait de la suite dans les idées, et surtout elle espérait depuis si longtemps, dix ans déjà, un enfant, qu'elle saurait imposer cette petite fille comme un cadeau du ciel.

— Ne perdons pas de temps, reprit Mme Gaillard, il faut nourrir cette enfant, et nous ne le pouvons, ni toi ni moi. Malheureusement. Armelle fera l'affaire… elle a bien assez de lait pour deux petits !

Armelle était l'épouse d'un journalier qui prêtait ses bras aux artisans et aux fermiers, dans les champs ou les vignes, ou dans les ateliers qui peuplaient la ville : tonnelier, charron, menuisier… Cahors regorgeait de petits ateliers. Son épouse élevait les enfants et tenait le logis, essayant de survivre avec les quelques sous qu'apportait le chef de famille.

— Je la paierai bien, affirma Mme Gaillard. Cette petite mérite du bon lait !

À cet instant, la porte d'entrée du rez-de-chaussée s'ouvrit et se referma avec fracas. Le maître venait de rentrer.

Les deux femmes, la presque mère et la toute jeune fille, se regardèrent avec un sourire complice.

2

— Serais-tu devenue folle ?

La voix était dure. Maître Gaillard détourna ostensiblement la tête du nouveau-né.

— Un bâtard, et pire encore, une bâtarde, une fille, une pisseuse ! Je n'en ai pas besoin, j'ai suffisamment de soucis comme ça ! Et puis, comment savoir d'où elle est issue ? De la mauvaise graine, à coup sûr ! Elle ne nous apportera que des ennuis. Il est hors de question que je me charge de ce fardeau.

Mathilde Gaillard s'efforçait de garder son calme. Elle connaissait son mari, depuis dix ans qu'ils étaient ensemble sous le même toit, à partager la même couche. Ses colères, si elles étaient redoutables, ne duraient jamais longtemps, et elle avait le pouvoir de l'amadouer. Elle se sentait puissante, puisqu'elle était l'épouse et que c'était à elle qu'incombait le soin de donner des héritiers, du moins un héritier, à son mari. Et ce moment était enfin venu !

— Ma chère femme, cette fois vous avez tort !

Mathilde sentit son cœur se durcir. Ce vouvoiement ne laissait rien présager de bon.

— Léonie aurait dû amener cette… chose à monsieur le curé, au lieu de vous la confier, ma pauvre femme. Mais il n'est pas trop tard, je vais lui dire de…

— Vous n'en ferez rien, mon cher époux.

— Et pourquoi donc ? C'est moi qui commande dans cette maison, je vous le rappelle !

— Cette enfant est notre dernière chance d'assurer notre descendance...

Le visage de maître Gaillard blêmit. Les mots touchaient juste, et Mathilde reprit confiance.

— Je suis désolée de devoir vous l'apprendre mais le docteur m'a révélé pas plus tard qu'hier que je n'aurai pas d'enfant... Je ne compte même plus les fausses couches qui ont affecté, comme dit le docteur, mon système reproducteur. En bref, mon utérus est devenu sec, et si petit et si fragile qu'une nouvelle grossesse me tuerait.

Elle se tut, pour permettre à ses paroles de pénétrer dans le cœur de son mari. Il était temps que maître Gaillard renonce à une progéniture propre. Temps qu'il consente à accueillir l'inespéré, ce bébé en bonne santé, qui respirait si doucement contre le sein de sa femme. Certes, ses origines étaient inconnues, mais seuls comptaient l'amour et l'éducation que lui donneraient ses parents adoptifs.

— Je serai une mère exemplaire, la meilleure au monde. Je le promets devant Dieu.

Devant le visage fermé de son mari, le front plissé et les yeux baissés, elle persévéra :

— Cette enfant est une bénédiction. Dieu a entendu ma douleur et mes prières incessantes. Il a eu pitié de nous. Comme je suis incapable de vous donner un héritier, il a changé vos plans, et cette petite fille vous apportera bonheur et prospérité, acheva-t-elle sur un ton onctueux, le même que prenait monsieur le curé à la fin de son sermon.

Maître Gaillard eut envie de répondre qu'il doutait des capacités de cette pisseuse, mais quelque chose de puissant l'empêchait de parler ; une boule épaisse obstruait sa gorge et sa langue pesait des tonnes. C'était bien la première fois que la parole lui manquait, lui qui n'hésitait jamais à hurler pour prouver qu'il était le maître. Mais, brusquement, il n'était plus capable d'imposer sa volonté et demeurait immobile, impuissant face à la détermination de sa femme.

Alors, pour se donner une contenance, il fixa l'âtre où brûlaient quelques sarments que Léonie venait d'allumer, avant de se réfugier dans la cuisine. Car chaque matin, la petite bonne chauffait la salle, même en plein été, afin d'en chasser l'humidité.

Et si elle avait raison ? Ma femme est pleine de bon sens, je ne peux pas le nier, et plus d'une fois elle a été d'excellent conseil. Et puis, j'ai besoin d'une descendance.

Il avança d'un pas et posa sa main sur la couverture.

Il recula, effrayé. Cette couverture…

— Prenez-la donc dans vos bras, mon cher époux ! N'ayez pas peur, elle ne vous mordra pas !

Mme Gaillard, sans attendre de réponse, lui donna le petit paquet comme une offrande. Il ne put se dérober.

Le nourrisson s'était réveillé et ouvrait des yeux minuscules, bleu ciel, timides et inquiets, sur le monde. Il avait dû sentir que ces nouveaux bras étaient réticents. Il aperçut, vaguement, une ombre penchée au-dessus de lui. Devinait-il que l'heure était grave, que son destin dépendait de cette ombre froide et vaguement menaçante ? En tout cas, il poussa un petit cri, comme un sanglot. Ce cri déchira le cœur de maître Gaillard.

Pour n'importe qui, ce cri n'aurait eu aucune résonance particulière. Mais pour maître Gaillard il agit comme un aimant.

Sa mère était morte quelques mois auparavant, et c'était lui, le fils cadet et préféré, qui avait recueilli son dernier souffle. Elle avait poussé un cri bref, puis s'était tue pour toujours. Il était resté seul au bord du lit, orphelin en dépit de ses quarante ans, nu et tremblant dans la chambre brusquement vide.

Mme Gaillard avait remarqué le visage soudain bouleversé de son mari et se hâta d'ajouter :

— Notre voisine Armelle sera ravie de nous aider en échange de quelques sous. Votre enfant sera bien nourrie et ne manquera de rien.

Sans laisser à son mari le temps de réagir, elle appela :

— Léonie !

Comme la jeune fille avançait vers eux, tenant dans ses mains un bol de lait, des tranches de pain et du saucisson, elle ordonna :

— Va chercher le docteur !

Maître Gaillard se ressaisit, craignant sans doute que la situation ne lui échappe ; il déclara de sa voix habituelle :

— Et dis-lui qu'il doit venir ausculter un nouveau-né que j'ai pris sous ma protection !

N'était-il pas un des plus grands propriétaires de Cahors depuis qu'il avait réussi à conclure l'achat de ces dix hectares de terre en friche qu'il avait, morceau après morceau, épierrée à coups de hoyau et plantée de ceps ? Il s'était acharné, avait gagné la partie. Ce sol aride et caillouteux se révélait idéal pour la culture de la vigne.

— Je vous félicite d'avoir pris une décision rapide, conclut Mme Gaillard d'une voix douce d'épouse soumise à son seigneur et maître.

Elle jubilait. Le bon vieux docteur allait déclarer que l'enfant était en parfaite santé, et la partie serait gagnée.

— Léonie, qu'attends-tu ? Tu restes plantée comme si tu avais pris racine !

La jeune fille ne bougea pas. Et puis brusquement, elle s'affaissa sur les tommettes de la salle.

L'évanouissement fut bref car au moment où sa maîtresse posait sa main sur son front, elle ouvrit les yeux et murmura :

— Je demande pardon à madame... j'ai eu un vertige...

— L'émotion ! Tu as été mise à rude épreuve aujourd'hui ! Tu es si jeune, ma petite Léonie, et trouver un bébé entre des ceps de vigne n'arrive pas tous les jours ! Sais-tu ce que nous allons faire ? Tu vas te reposer avec le bébé sur ton lit, et pendant ce temps j'irai chercher la nourrice et le docteur. Et vous, mon ami, reprit-elle en se tournant vers son mari, après avoir pris votre en-cas, vous irez chez le maire lui signaler la naissance de...

Son visage se fit encore plus doux pour murmurer :

— Il faut trouver un prénom à notre petite fille. Mais rien ne presse, nous en parlerons à tête reposée.

Le choix était déjà fait. Un magnifique prénom, en deux syllabes, doux et tendre, facile à prononcer. Sa fille serait la première à le porter dans tout le Quercy, marquant ainsi sa différence. Et l'on oublierait les mystères de sa naissance pour ne plus retenir qu'elle était l'enfant choisie par les Gaillard.

Et nul n'osera nous critiquer et encore moins nous juger. Et, enfin, j'aurai un enfant à moi, rien qu'à moi! Je ne serai plus seule face à un mari qui me reproche d'être stérile! Je serai mère, et respectable.

Je suis ta mère, ma petite Nina.

Pendant que M. Gaillard buvait son lait et que son épouse courait chez la future nourrice, Léonie grimpait l'escalier pour gagner sa mansarde. Elle peinait à monter, comme si elle ployait sous sa charge pourtant légère. Quand le vieux docteur viendrait ausculter la fillette, elle lui parlerait de sa fatigue. Depuis quelques semaines, elle avait du mal à se lever le matin, et le soir elle s'endormait aussitôt la tête sur l'oreiller. Sa nourrice ne lui avait-elle pas dit que sa pauvre maman était morte très jeune, quelques mois après l'avoir confiée à l'orphelinat? « Elle avait le cœur fragile », avait-elle répondu à la fillette qui la harcelait de questions. Léonie n'avait aucun souvenir de sa mère, mais elle avait beaucoup pleuré à cette annonce; personne ne viendrait la chercher, l'arracher à cette ferme où elle était si peu heureuse, malheureuse n'étant pas non plus le terme juste. Si on la rudoyait, au moins ne levait-on pas la main sur elle, même si on l'accablait de travail et qu'on l'empêchait de se rendre à l'école, un luxe inutile pour une orpheline.

Léonie s'affala sur le lit, un mince grabat posé sur une planche de bois et recouvert d'une couverture. À cet instant, le nouveau-né se mit à vagir.

— Il te manque le sein d'une maman. Hélas, je ne peux rien te donner, et Mme Gaillard pas davantage, nous avons la poitrine sèche toutes les deux. Il te faut une bonne nourrice aux seins gorgés de bon lait… Et aussi, ajouta-t-elle au bout d'un moment, des langes dans lesquels t'emmailloter pour te garder bien au chaud. Heureusement tu n'es pas née en hiver sinon, pauvre ange, tu serais déjà au ciel !

Comme le bébé continuait à geindre et à s'agiter, Léonie fourra un doigt dans sa bouche et, oh miracle, le bébé se tut, occupé à téter, dans un geste instinctif, un réflexe de survie venu du fond des âges. Alors, Léonie dégrafa son corsage et posa la bouche de l'enfant contre sa poitrine. L'enfant se remit à téter, maladroitement, puis avec application.

Ce geste sembla le calmer car il s'endormit, les lèvres posées sur le mamelon de sa nourrice improvisée.

Léonie aussi ferma les yeux, vaincue par la fatigue et l'émotion. Elle se souviendrait de cette journée ! Elle qui avait prévu un bon clafoutis aux pêches et un rôti de porc assorti de haricots verts et de pommes de terre rissolées !

La jeune fille et le nouveau-né dormaient paisiblement. Pourtant il régnait dans la petite pièce sous les solives une chaleur étouffante. L'été pénétrait à travers la lucarne entrouverte et les tuiles du toit, transformant la chambre en fournaise ; en hiver, elle était glaciale. Léonie ne s'en plaignait pas, même si, pendant les jours de gel, elle était contrainte de briser la glace dans la cuvette, afin de pouvoir se débarbouiller avant de descendre allumer les feux et faire bouillir l'eau qui attendait dans la réserve de la cuisinière. C'était elle qui assurait la bonne marche de la maison, Mme Gaillard étant bien trop occupée à garder le lit, à la suite de ses innombrables couches avortées. Mais si Mme Gaillard était plutôt commode, trop occupée à se plaindre et à larmoyer pour passer le doigt sur le bahut à la recherche de la poussière, il n'en était pas de même avec le maître! Comme il était infatigable et jamais malade, pas même un rhume en hiver, il trouvait normal que ses domestiques soient de la même trempe, aussi robustes que des chevaux de trait ou des bœufs.

Léonie rêvait, le bébé serré sur sa poitrine. Et c'était un spectacle charmant que cette toute jeune fille avec un nouveau-né blotti contre elle. Comme si l'enfant avait l'intuition qu'elle était à l'abri, elle qui était née dans des circonstances si défavorables...

Léonie rêvait à sa mère qu'elle avait peu connue. Pourtant, dans son rêve, elle la voyait, jeune et belle, la contemplant avec tendresse. Dans le rêve, elle était bien vivante, debout, en train de servir le repas du soir à sa famille, réunie autour de la table; rien ne manquait, ni la soupière, ni l'âtre qui avait réchauffé la soupe, ni le père servi en premier, comme maître Gaillard, en bon chef de maison. C'était lui aussi qui rompait le pain pour le distribuer en tranches à ses enfants, dont elle, Léonie, assise parmi les siens, attendant son tour, les yeux fixés sur sa mère.

Elle se réveilla en sursaut, trempée de sueur. Déjà des pas se faisaient entendre dans l'escalier; lourds, des pas d'homme à coup sûr, Léonie était capable de faire la différence. Là, il s'agissait de la démarche du vieux docteur, un peu traînante, suivie par celle, plus légère, de Mme Gaillard.

En réalité, elles étaient deux femmes, précédées par le vieux docteur. Il posa sa sacoche sur l'unique chaise et s'exclama:

— Qu'on me laisse seul avec Léonie et l'enfant!

Aussitôt, Mme Gaillard et la future nourrice s'éclipsèrent, fermant la porte derrière elles. Mais elles demeurèrent dans le couloir, à l'affût.

Le docteur, qui connaissait la curiosité inlassable des femmes, opta pour le chuchotement :

— Si tu me disais, ma petite Léonie, ce qui s'est passé ? Et ôte cette couverture ! Je veux examiner cette enfant à la lueur du jour. En tout cas, c'est un joli nourrisson. Elle deviendra une belle petite fille !

Léonie raconta sa découverte matinale pendant que le docteur palpait soigneusement l'enfant. Puis il ouvrit sa sacoche pour en extirper des ciseaux. Il coupa le cordon ombilical au plus près, avant de le recouvrir d'un bout de tissu propre.

— Cette enfant a eu de la chance, l'accouchement a dû bien se passer et elle n'aura pas de séquelles, reprit-il d'une voix plus haute pour rassurer Mme Gaillard.

En effet, un soupir de soulagement s'éleva dans le couloir et le docteur se mit à rire, en déclarant d'un air malicieux :

— Il n'y a plus qu'à la nourrir, mais Mme Gaillard y a déjà pensé !

Le bébé dans les bras, il ouvrit la porte et tendit le paquet à la nourrice :

— Et voilà un enfant en parfaite santé ! Je préconise un bon bain dans l'eau chaude, puis du lait bien tiède sorti tout droit de votre opulente poitrine !

Il referma la porte, attendit que les deux femmes aient redescendu les marches, et quand il eut la certitude qu'elles étaient hors de portée, il se rassit sur le lit de Léonie.

Le bon vieux docteur connaissait bien la nature humaine. Il en avait tant entendu au cours de sa vie ! Les mourants se confiaient à lui, presque autant qu'au curé. Comme si au dernier moment ils avaient besoin de dévoiler les pans obscurs de leur vie.

— Ma jolie Léonie, fais-moi une promesse…

Léonie leva un œil étonné vers le docteur :

— Une promesse ? Moi ? Mais laquelle ?

— De ne jamais oublier que tu es responsable de cette enfant. Même si Mme Gaillard l'élèvera, c'est toi et toi seule qui l'as apportée dans cette maison. Je sais, tu es encore très jeune, si jeune, mais déjà capable d'aimer un tout-petit, j'en suis certain !

Léonie, émue, balbutia « je le promets ». Puis elle ferma les yeux.

Le docteur resta quelques secondes à la contempler, il prononça encore quelques phrases, puis il hocha la tête et quitta la chambre.

Léonie n'avait pas envie d'écouter le docteur. Il disait des sottises, c'était l'âge sans doute qui lui embrumait l'esprit.

Bien sûr que je vais l'aimer, ce petiot, cet oiseau tombé du nid. C'est mon devoir. Sinon l'engoulevent va se fâcher et me punir. Car il m'a ordonné de venir te chercher dans la cazelle ! Tu es sous la protection de la nature, des vignes et des animaux. Et je te chuchoterai ces mots à l'oreille jusqu'à ce que ta petite âme les retienne, à jamais ! Tu n'oublieras jamais que tu es l'enfant des vignes, du ciel et de la cazelle, une enfant bénie par la nature. Ta vraie maman, c'est la nature.

Léonie sourit et s'endormit, heureuse.

3

Maître Gaillard n'aurait jamais imaginé que serrer la main d'une petite fille dans la sienne puisse être aussi agréable.

Nina avait un an.

Maître Gaillard avait fini par s'habituer à ce prénom insolite. Sa femme en était si fière !

Et puis il imaginait la tête du Russe, quand il reviendrait à Cahors, en découvrant une petite fille portant le prénom de sa propre mère !

Le Russe était un personnage important dans la vie des vignerons du Lot, et principalement dans la vie des Gaillard.

Il était courtier en vins et il leur achetait leur production. Le vin de Cahors était apprécié à la cour du tsar de toutes les Russies, cet immense empire, et servait même de vin de messe dans les belles églises orthodoxes. Aussi être l'ami du Russe, et donner à sa fille un prénom aux consonances slaves, n'était pas anodin.

Le courtier en vins était un homme puissant, habile et bon vivant, une qualité peu commune aux gens du Lot. Ce détail aussi le sortait de l'ordinaire et en faisait un personnage.

Et maître Gaillard l'admirait. Il avait compris, au fil des conversations, le vin aidant aux confidences, que le

Russe s'était forgé lui-même, qu'il était fils de moujik et qu'il ne devait sa réussite qu'à son courage et sa persévérance.

Ils se ressemblaient, bien qu'issus d'horizons différents.

Arrivé sur le pont Valentré, maître Gaillard s'arrêta et désigna les eaux en contrebas :

— Regarde bien, Nina, c'est grâce à notre rivière que notre vin peut parcourir de grandes distances et arriver à Bordeaux. Et de là, voyager plus loin encore jusqu'à Moscou et Saint-Pétersbourg. Les Russes aiment notre bon vin et s'en régalent !

Il jucha la petite fille sur ses épaules afin qu'elle puisse voir plus loin que la rivière, embrasser l'horizon tout entier.

— N'oublie jamais, ma Nina. Ce pays nous appartient ! Ce sont nos terres ! Du temps des Romains déjà, on y cultivait la vigne. Et les Russes le réclament à cor et à cri depuis longtemps. C'est le vin de Cahors, notre bonne ville, qui lui a donné son nom, mais autrefois on l'appelait le vin de grave car il vient d'un sol de graviers... Les Russes l'appellent *kaorskoie vino*, et pour les Anglais c'est le *black wine*... Le grand roi François Ier l'appréciait, autant qu'il aimait les vers du poète Clément Marot, né à Cahors...

Nina écoutait, sans vraiment comprendre, mais elle aimait la voix grave de son père. Maître Gaillard était devenu un père tendre.

Il avait une mission à remplir dans laquelle il mettait tout son cœur.

Transmettre à son héritière son amour pour ses terres. Ses vignes, en l'occurrence ; son univers. Son jardin où il faisait prospérer les fruits quasi divins.

Un jour, Nina en serait la maîtresse.

Maître Gaillard reprit la route, l'enfant juchée sur ses épaules ; il était soudain pressé de retrouver sa maison.

La nouvelle. Celle dans laquelle, à la fin de ce mois d'août, ils allaient emménager. Ils laisseraient derrière eux la vieille demeure enserrée dans les rues de Cahors et ils pourraient profiter de l'espace, du grand air et d'une vue incomparable. Et la petite Nina aurait toute la place, dedans et dehors, pour s'ébattre, jouer, courir et s'amuser au milieu des chênes verts et des lauriers-roses. On lui construirait un bassin, comme dans les parcs royaux. On disait qu'à Versailles des carpes peuplaient les étangs.

Nina serait la petite princesse de la nouvelle maison, et il l'imaginait, si jolie dans sa robe blanche et son petit bonnet ourlé de dentelle, en train de jeter du pain aux poissons.

Nina serrait ses petites mains autour de la tête de son père. Elle était contente ; de si haut elle avait une vue imprenable sur la campagne, et elle n'en croyait pas ses yeux, tant elle était habituée à des espaces restreints, le petit jardin derrière la vieille maison, les rues étroites et les placettes où le soir les femmes tricotaient sur le pas des portes. Elle avait grandi dans ce monde minuscule, entre les Gaillard, Léonie, sa nourrice et Gustave, son frère de lait.

En ce dimanche d'août, brusquement, les cieux s'ouvraient, se mirant dans les eaux immobiles, languides, traversées d'ombres mouvantes, encerclées d'arbres innombrables, sur lesquels elle ne pouvait poser de nom, mais si beaux, si majestueux. Ce paysage la fascinait. Elle écarquillait les yeux, avide de voir, de saisir cette splendeur, de la retenir en elle.

Ils arrivèrent. Maître Gaillard déposa la fillette sur le chemin, pour mieux contempler la propriété. Sa propriété.

La demeure se dressait au milieu des vignes. Elle était blanche, couleur de ce calcaire dont elle était issue. On n'avait pas oublié le pigeonnier, ce symbole de richesse nouvelle, que seuls possédaient les nobles avant la Révolution et que l'on aimait, pas seulement pour les excréments de pigeon, excellent engrais, mais surtout comme signe extérieur de réussite.

Elle était entourée de vignes.

Maître Gaillard l'avait voulue ainsi, vouée et dévolue au raisin ; pour la vigne, il avait dédaigné toutes les autres cultures : tabac, blé, ou encore seigle et pommes de terre. Tout au plus avait-il accepté de créer un potager et un verger, concédant à sa femme quelques arpents où elle pourrait faire pousser laitues, carottes et autres légumes nécessaires à la cuisine familiale. Il avait aussi dessiné une allée et planté un figuier, un noyer et deux pêchers.

— Bonjour, maître Gaillard, ravi de vous voir. Nous sommes en train de finir, annonça le maître d'œuvre.

Il désigna le toit où ses ouvriers posaient les dernières tuiles et ajouta, d'un ton fier d'ouvrier consciencieux :

— Vous aurez la plus belle maison de la contrée ! Bien sûr, je ne compte pas les châteaux qui se délabrent d'année en année. La vôtre de maison, monsieur Gaillard, sera facile à vivre, et votre petite bonne aura plaisir à en nettoyer les tommettes ! Votre épouse appréciera les larges fenêtres ouvertes sur la terrasse. Un vrai manoir nanti de toutes les commodités modernes.

Il avisa soudain la fillette, minuscule aux pieds des deux hommes, et s'exclama :

— Et voici donc la petite princesse ! Mademoiselle votre fille a bien de la chance !

Maître Gaillard ne répondit pas. Il aurait préféré un petit prince qui aurait porté son nom, dont on connaîtrait les origines... Hélas, la vie, dans ce domaine, ne l'avait pas gâté en lui donnant une épouse incapable de procréer !

Il se ressaisit, il aimait la petite Nina, aussi lança-t-il :

— Ma maison portera le prénom de ma fille. Je vous demande donc de poser une plaque à son nom, Nina, sur la façade.

Puis, sans doute pour maîtriser son émotion, il ajouta précipitamment :

— Allons faire le tour du propriétaire !

La maison lui plaisait. Il l'avait conçue, depuis le chais du rez-de-chaussée jusqu'à l'étage. Il avait voulu un toit plat, à la mode méditerranéenne.

Ils gravirent les marches jusqu'au premier étage. Maître Gaillard avait pris la fillette dans ses bras. Il la déposa dans le large hall qui desservait les pièces. Et, lui tenant la main, il la guida dans sa nouvelle demeure.

Nina contemplait avec curiosité cette maison si différente de celles qu'elle connaissait, où le soleil peinait à entrer, tant il était repoussé par les façades alentour. On y entendait les rumeurs de la ville, les hennissements des chevaux, les claquements des sabots sur les pavés, les cris des enfants jouant sur la chaussée, défiant les attelages, les appels des marchands, surtout les jours de marché, quand on hélait le chaland. Ce brouhaha obligeait Léonie à fermer les fenêtres mais les bruits traversaient les vitrages et venaient se disperser à l'intérieur des maisons.

Ici, on entendait le chant des oiseaux dans les bosquets que maître Gaillard avait fait planter. Il n'avait pas voulu de murets, prétextant qu'au milieu de ses vignes il n'avait nul besoin de protection. Et puis des murets il en avait construit suffisamment, quand il avait épierré ses terres ! Les murets de pierre retenaient la terre encore plus efficacement que les haies vives.

Le premier étage était dévolu aux cuisines et aux salles de réception, comme les appela pompeusement le maître maçon.

— Parfait ! Même mon Russe sera épaté par la taille de ces pièces !

Il avait prononcé le mot « Russe » avec suffisamment d'emphase pour que son interlocuteur saisisse l'importance du personnage.

— Je n'en doute pas, maître Gaillard ! Surtout qu'on raconte que vous avez commandé des meubles splendides au meilleur ébéniste de la région. Ces merveilles vont éblouir votre ami russe.

Nina écoutait ; ce mot, « Russe », portait dans ses sonorités tant de mystère ! Il était plus délicieux que « vin », « raisin », « cep », sans parler de « pomme de terre », « carotte » ou encore « balai », « serpillière », « savon ».

Elle n'avait encore jamais rencontré le Russe.

Maître Gaillard se rengorgea. Le maçon avait raison, le Russe serait sinon ébloui du moins surpris par l'élégance de cette demeure. Il grandirait dans son estime.

Et l'estime du Russe lui importait, sans qu'il sache trop pourquoi. Parce que c'était un étranger, sans doute, un sujet de cet immense empire qui le faisait rêver, lui le paysan rivé à sa terre natale.

Le grand jour était arrivé.

Maître Gaillard n'avait pas lésiné sur la dépense. Cette journée devait rester dans les mémoires comme le point d'orgue de sa réussite.

C'était le dernier dimanche du mois d'août, et la campagne exultait sous la chaleur immobile. Le ciel sans nuages s'étirait comme une nappe repassée au-dessus du fil de l'eau. On aurait cru une paume étendue sur la rivière, protégeant cette terre où les raisins se gorgeaient de soleil.

Paul Gaillard était arrivé le premier, accompagné de sa femme et de leurs trois fils, et contemplait la propriété de son frère. Il lui tapa sur l'épaule :

— Te voilà devenu viticulteur ! Ça change des pommes de terre et des betteraves de notre enfance. T'es un vrai bourgeois, mon frère !

Paul Gaillard possédait une gabarre. Il vivait sur l'eau, convoyant des marchandises, notamment les tonneaux de vin, jusqu'à Bordeaux, d'abord sur le Lot, ensuite sur la Garonne. Un homme de la rivière, alors que son frère était resté fidèle à la terre.

— Tu es un malin, mais moi je préfère l'eau et ma gabarre. Elle me permet de voyager et de voir du pays. Toi, tu dois rester cloué sur place !

— Tant mieux. rétorqua maître Gaillard. La terre, il n'y a rien de mieux ni de plus fidèle. L'eau, c'est traître !

Les deux frères se ressemblaient, par la taille, trapue, le visage large et les yeux enfoncés dans les orbites ; leur peau était brunie par le soleil.

— Tu as choisi le vin, continua Joseph, le cousin tonnelier, et ça m'arrange, moi aussi. Plus il y aura de vignes, plus j'aurai de travail !

Tous renchérirent. Le sol, caillouteux certes, mais léger et aride, et surtout ensoleillé, convenait à la culture de la vigne. Ils en possédaient chacun une parcelle, qu'ils travaillaient le dimanche, ou le soir après le travail.

Ils étaient une trentaine d'invités, dispersés dans les deux vastes salles du premier étage, dont les fenêtres ouvraient sur une grande terrasse cerclée de balustrades.

Seul Paul Gaillard fit la grimace et s'écria :

— Pour ma part, je préfère le Lot. Notre rivière, lança-t-il d'un ton prophétique, est notre manne ! L'épine dorsale du vignoble ! Surtout depuis que notre empereur s'y est intéressé, la parsemant d'écluses. Elles nous permettent de travailler presque toute l'année désormais.

Il s'apprêtait à se lancer dans un grand discours sur les mérites de sa chère rivière, mais déjà son frère levait un bras pour se frayer un passage parmi ses invités.

— Venez voir ! C'est bien pour profiter de ce spectacle grandiose que j'ai voulu construire ma maison sur la colline.

Les invités poussèrent des cris d'admiration, et certains des soupirs de jalousie. Maître Gaillard n'était-il pas trop orgueilleux ? Ne se prenait-il pas pour un bourgeois alors qu'il était né, comme presque tous, dans la pauvreté, sinon la misère ?

Pourtant, ils se forçaient à sourire et à féliciter l'heureux propriétaire. On s'émerveillait aussi de la petite Nina, si jolie, ravissante même avec ses yeux clairs, sa peau blanche, ses cheveux de blé mûr. Mais une bâtarde tout de même, une enfant abandonnée, recueillie par charité, et aussi parce que maître Gaillard était incapable de faire un fils à son épouse. Riche peut-être, mais sans véritable héritier !

Maître Gaillard n'était pas dupe. Il avait l'impression d'entendre ces pensées malveillantes dissimulées derrière les sourires de circonstance. Il crut même voir des sourires de compassion.

Ses yeux tombèrent sur Nina. La bâtarde. Lui aussi, brusquement, se rappela le mystère de sa naissance.

Il se mordit les lèvres.

Un fils. Oui, c'était d'un fils qu'il avait besoin. Comme son frère, qui en avait trois ! Il était moins prospère que lui, mais riche de garçons. Lui avait su assurer sa descendance !

Il en avait presque des larmes aux yeux, de fureur, mais aussi de dépit.

Je n'ai pas de chance, en fin de compte. Une fille, ça ne remplacera jamais un garçon. Pourtant, je l'aime bien, cette petite, mais...

Il y avait parmi les invités un cousin qui contemplait Nina avec une attention pleine de curiosité. Il s'appelait Gabriel, était boulanger, comme son père, dans un village des environs. C'était la première fois qu'il voyait Nina.

Il l'observait avec une sorte de passion, connaissant son histoire particulière. Un bébé trouvé dans une cazelle!

Il n'y avait pas de doute: ses traits lui rappelaient quelqu'un. Mais il avait beau fouiller dans sa mémoire, il était incapable de mettre un nom sur cette personne.

— Maintenant que vous avez pu admirer la vue, annonça la maîtresse de maison, nous pouvons passer à table.

Mme Gaillard avait fait, pour l'occasion, des frais de toilette. La meilleure couturière de Cahors lui avait confectionné une superbe robe d'un jaune vif, un peu clinquant, mais l'épouse de maître Gaillard devait se démarquer de ses invitées.

La robe était échancrée, pour mettre en valeur un magnifique et lourd collier en or qui attirait les regards, assorti au bracelet serré autour de son poignet. L'alliance, toute simple, qui datait de leur mariage – une époque où leur situation était moins enviable –, en paraissait modeste, voire humble.

On s'assit autour des grandes tables disposées au centre de la pièce. Un bahut qui devait recéler la vaisselle ornait le mur, imposant avec ses arabesques dessinées sur le bois de chêne.

L'air exhalait encore de vagues odeurs de chaux neuve que diluaient les parfums capiteux des énormes lys blancs.

Léonie faisait le service, aidée par deux jeunes filles embauchées pour l'occasion; dans la cuisine rutilante, deux femmes s'occupaient des rôtis et des légumes pendant que les gâteaux attendaient, à l'abri de la resserre attenante. Elles travaillaient depuis deux jours et leurs visages témoignaient de leur fatigue. Mme Gaillard s'était montrée particulièrement exigeante, et elles avaient dû se surpasser.

Le repas commença par un potage au tapioca relevé à la crème fraîche légèrement poivrée, afin de préparer l'estomac pour la suite des agapes.

Malgré la chaleur, les convives mangeaient de bon appétit ; après le potage, les jeunes filles apportèrent la tête de veau ravigote puis les canetons et le filet de bœuf aux truffes. Ce dernier fut accueilli par des exclamations de plaisir. Les truffes ! Le trésor noir de leur terre !

Bien sûr on servit du vin, même aux plus jeunes, l'eau étant une boisson malsaine dont il fallait se méfier.

On but beaucoup, sous l'œil attentif du maître. Il avait rempli lui-même les pichets avec son cahors, son vin puissant aux fragrances d'herbes sauvages, un vin éminemment noble. Noir comme le diable, disaient certains. Puissant et incomparable, selon maître Gaillard.

Il leva son verre pour annoncer :

— Je bois à la santé de notre terre que nous aimons tous, qui que nous soyons, tonnelier ou vigneron, boulanger ou boucher, ouvrier agricole ou métayer. Sans elle nous ne serions rien ni personne ; elle nous donne tout, et nous devons le lui rendre au centuple. Nous avons de la chance, des routes et des chemins de fer se construisent, notre empereur n'oublie pas ses sujets du Quercy, il se soucie de nous autres, si loin de la capitale.

Il but une gorgée, se racla la gorge et reprit sur un ton légèrement emphatique :

— Les anciens temps où nous souffrions de la faim sont derrière nous. Nos enfants ne mourront plus de famine, ils auront un avenir…

Son regard se posa sur Nina, assise sur les genoux de sa mère adoptive.

— Ils profiteront de notre travail et continueront notre œuvre. Ils appartiennent à la terre, au même titre que la vigne, le blé ou l'orge. Les temps changent, mes chers amis. Trinquons à ces changements ! Et n'écoutons pas les tristes sires qui n'aiment pas le progrès et disent qu'il serait plus raisonnable de continuer comme on l'a toujours fait !

On applaudit, les visages empourprés par la bonne chère, le vin lourd, les sauces grasses. Oui, maître Gaillard avait raison, les temps s'amélioraient. Ils échapperaient à la misère et récolteraient les fruits de cette nouvelle prospérité.

Vaincue par la fatigue, le bruit, l'agitation de la fête, Nina s'était endormie dans les bras de Mme Gaillard, la tête posée contre sa poitrine.

Elle était encore, en ce jour, une petite fille heureuse.

Maître Gaillard la contemplait, ému.

Elle est mignonne, ma petite Nina. Et a déjà un caractère bien trempé. J'en ferai un vrai vigneron et on oubliera qu'elle est femme. Et tant pis si je n'ai pas de garçon ! Ma terre, malgré tout, aura quelqu'un pour veiller sur elle !

4

— Regarde!

Les yeux clairs de Nina se posèrent sur l'objet que tenait maître Gaillard.

Son papa. Elle l'adorait. À quatre ans elle était vive et comprenait beaucoup de choses. Aussi reconnut-elle immédiatement l'objet que son père lui présentait comme un cadeau sans prix.

— Ce sont des ciseaux, pour couper le raisin. Mais petits, pas aussi grands que les vôtres, conclut-elle de son ton sérieux.

— Tu es observatrice, ma fille! Je les ai fait fabriquer pour toi, Nina. Pour que toute ta vie tu te souviennes de tes premières vendanges.

— Pas les premières, précisa Mme Gaillard qui venait d'entrer dans la cuisine.

— Si, rétorqua son mari qui n'appréciait pas la contradiction. Les premières auxquelles Nina va réellement participer, avec ses ciseaux à elle. Elle coupera les grappes. Jusqu'à présent elle s'était contentée de regarder, maintenant elle vendangera, comme les autres.

Il contempla la fillette et reprit d'une voix grave:

— Nina, il faut que tu me fasses une promesse!

Nina sourit. Il ne se passait pas une semaine sans que son père ne lui extorque une promesse. Elle devait lever la main et dire, officiellement, « je promets ». C'était un signe d'engagement, scellant définitivement une affaire. Il procédait de la sorte avec tout le monde, et cette méthode lui avait permis de prospérer. S'il possédait, en cette année 1854, quelques hectares de vigne, il devait cette réussite à son sens des valeurs. Jamais il ne s'était rétracté, une fois la parole donnée, même pas l'année précédente quand il s'était rendu compte, après sa promesse d'achat, que la terre qu'il venait d'acquérir serait impropre à la culture de la vigne.

— Ma fille, c'est un grand jour. La première fois, ça reste gravé dans la mémoire. Alors, quand tu couperas ta première grappe, tu feras un vœu... Les vœux sont aussi importants que les promesses. Il faut que dans ta petite tête, petite mais bien faite et déjà bien pleine, tu te dises très très fort que toute ta vie, mais vraiment toute ta vie jusqu'à ton dernier souffle, tu te consacreras à la vigne. Alors la vigne t'écoutera, elle écoute les humains qui l'aiment et la protègent et elle te récompensera au centuple. La terre est toujours reconnaissante des soins qu'on lui prodigue avec amour.

Nina écoutait, subjuguée par la voix de son père, si grave, si prenante. Elle en était envahie ; elle aimait sa mère, et Léonie, d'une tendresse forte, mais elle éprouvait pour maître Gaillard une passion totale, absolue. Papa était si puissant ! Il savait tout sur tout, il ne se trompait jamais, et chacun le respectait ; elle le voyait bien à l'air soumis des ouvriers, aussi bien les journaliers que Gaspard et Joseph qui dormaient dans le petit logis, au-dessus du poulailler, au fond du jardin.

— Allons-y ! J'entends Gaspard et Joseph qui arrivent. Tu as bien compris ?

— Oui, père, je promets.

Le visage de maître Gaillard s'éclaira. Cette journée annonçait le début des vendanges. Elle serait magnifique ! Le ciel serait de la partie, contribuant à la rendre inoubliable. Un bon cru, après un été serein, chaud et sec. Le raisin avait enfoui dans ses sucs cette chaleur, la puissance du soleil, le souffle du vent qui parfois venait de l'océan, rendant l'air plus respirable. Cahors se situait à ces deux confluences, méditerranéenne et océanique, et sans doute était-ce la raison pour laquelle la vigne s'y plaisait autant.

Gaspard portait la hotte. Vide encore mais qui se remplirait rapidement, et qu'il déverserait dans les tonneaux. Joseph, chargé du mulet, l'avait déjà attelé, et l'animal patientait devant la maison, conscient que l'heure était grave et qu'il se devait d'accomplir sa part de l'ouvrage. C'était une brave bête âgée de trois ans, que Nina considérait comme un compagnon, privée de frère et de sœur qu'elle était. Elle avait donc reporté toute sa soif d'amitié sur le mulet qui lui rendait sa tendresse. Sans doute se sentait-il seul lui aussi.

Car si Nina était une petite fille choyée, aimée, et même couvée par ces deux femmes, Léonie et Mme Gaillard, elle n'avait personne avec qui partager ses jeux. En bas, en ville, elle aurait eu des petits camarades, mais sur la colline il n'y avait nul enfant à des lieues à la ronde !

La petite troupe s'ébranla en direction des vignes où l'attendaient les autres vendangeurs.

Mme Gaillard préférait rester chez elle, à surveiller Léonie.

Léonie était amoureuse et en perdait la tête. À dix-neuf ans, c'était bien de son âge! Seulement, à midi tapant, quand le clocher en contrebas égrènerait l'heure du milieu du jour, le repas devrait être prêt, les corbeilles pleines de victuailles et de bouteilles, l'ensemble recouvert par la nappe qu'on étalerait sur le bord du chemin. Les vendangeurs s'installeraient autour d'elle, soulagés de prendre un peu de repos, les yeux brillants à la vue des mets délectables; la table de maître Gaillard était connue de toute la contrée! Il n'était pas avare, contrairement à beaucoup d'autres fermiers, qui comptaient chaque tranche de pain et mélangeaient l'eau au vin. Maître Gaillard avait beaucoup de défauts, mais il tenait à sa réputation d'homme généreux. Cette qualité démontrait également qu'il n'avait pas peur de dépenser son argent et, donc, qu'il ne craignait pas l'avenir.

Nina avançait lentement dans la travée. Son père, devant elle, ne lui laissait qu'une ou deux grappes, mais elle avait bien du mal à les couper avec sa petite main! De plus, Mme Gaillard avait exigé qu'elle porte des gants. Elle les aurait bien enlevés mais elle n'osait pas désobéir. Léonie, la semaine précédente, s'était entaillé la paume, et le médecin avait dû suturer la plaie. Maître Gaillard en avait été très irrité. Se blesser quelques jours avant le début des vendanges était un crime de lèse-majesté !

Autour d'elle, hommes et femmes s'activaient en silence, et seuls montaient dans le ciel très bleu les trilles des oiseaux posés sur la cazelle, qui semblaient surveiller cette agitation. Aucun rire non plus, les travailleurs étaient trop absorbés pour songer à plaisanter. Maître Gaillard était intransigeant avec le règlement. Le soir même, la parcelle devait avoir été vendangée, et si l'objectif n'était pas atteint, le salaire journalier en serait diminué. Car telle était sa volonté !

Mme Gaillard et Léonie étaient à l'ouvrage dans la cuisine. Avec sa main bandée, Léonie n'était pas d'un grand secours, mais Mme Gaillard ne s'en plaignait pas ; elle était si contente de récupérer ses fourneaux ! Heureusement, loin des yeux de son mari qui aurait trouvé que ces besognes ménagères n'étaient pas dignes de son épouse. Mais, depuis l'arrivée de Nina dans leur foyer, elle avait retrouvé tant de vigueur, d'énergie et de courage qu'elle se sentait capable de préparer un festin à elle toute seule !

— J'ai quelque chose à dire à madame, murmura soudain Léonie, les yeux baissés. Je ne peux pas me taire plus longtemps, car bientôt madame verra bien...

Elle rassembla les miettes de pain éparpillées sur la planche de bois, puis d'un geste brusque elle essuya ses yeux d'un bout de manche.

Mme Gaillard s'interrompit pour fixer la jeune fille avec curiosité.

— Parle, Léonie! Maintenant que tu as commencé, il faut me dire la vérité! N'aie pas peur. Si tu as fait une bêtise, on s'arrangera pour la réparer. Tu as cassé quelque chose? Un objet ou une pièce de vaisselle à laquelle je tiens, et tu n'oses pas l'avouer?

Si elle s'efforçait de rester calme, en son for intérieur Mme Gaillard se sentait, déjà, agacée. Léonie était bien gentille, parfois même gentillette, mais elle était si maladroite!

— C'est pas ce que vous croyez, madame Gaillard, c'est pire, et madame va être très fâchée…

La jeune fille éclata en sanglots violents. Elle posa sa tête sur la table, après avoir repoussé la corbeille, et pleura comme une enfant.

Mme Gaillard passa sa main sur les cheveux de Léonie, et l'encouragea:

— Calme-toi! Tu n'as tué personne!

— Si, enfin sans doute!

— De quoi ou de qui parles-tu, Léonie?

Mme Gaillard commençait à s'inquiéter. Qu'est-ce que cette petite sotte qui avait si peu de jugeote avait pu fabriquer? Dans quel guêpier s'était-elle fourrée? Elle pensa brusquement à la colère de son mari quand il apprendrait ce que sa bonne avait fait… mais fait quoi, au juste?

— Ça suffit, maintenant, Léonie! Tu dois tout me dire.

Alors, Léonie révéla son secret:

— J'attends un petiot! Mais je le jure à madame, ce n'est pas ma faute!

Mme Gaillard en resta bouche bée. La petite Léonie s'était fait engrosser!

Elle tremblait de colère, soudain. Comment avait-elle osé commettre cet horrible péché?

— En es-tu certaine?

En même temps que la colère, Mme Gaillard éprouvait une sorte de jalousie. Léonie allait être mère, elle allait donner la vie, alors qu'elle, sa maîtresse, n'avait jamais réussi qu'à expulser un fœtus mort.

— Qui est le père?

— Quel père?

— Le salopard qui t'a engrossée!

— Personne! Je suis grosse, mais j'ai jamais fait le péché de la chair, madame, je le jure!

— Tu iras voir monsieur le curé, après le repas, et tu lui demanderas de t'entendre en confession. Tu diras que c'est urgent, que c'est moi qui t'envoie vers lui.

Au saint homme appelé à entendre le pire dans le secret de la confession, Léonie n'oserait pas mentir. Elle lui confierait un nom que le curé lui répéterait. Ensuite elle demanderait à maître Gaillard d'aller rendre visite au futur père et de régler l'histoire entre hommes. C'est-à-dire de l'obliger à épouser cette pécheresse.

Les deux femmes reprirent leur travail, en silence, Léonie toujours les larmes aux yeux, angoissée par son avenir, elle qui pourtant – elle pouvait le jurer sur le missel – était innocente! Était-ce sa faute si un enfant poussait dans son ventre? Elle n'avait strictement rien fait pour que cette chose advienne, et pourtant c'était arrivé!

Ce ne fut que plus tard, une fois pris le chemin des vignes, que Mme Gaillard sentit un doute la traverser. Elle posa sa corbeille à terre et demanda :

— Depuis quand n'as-tu plus de sang ? Sens-tu quelque chose bouger dans ton ventre ?

Léonie répondit par l'affirmative. Oui, elle n'avait aucun doute. Elle sentait déjà le fœtus gonfler son ventre, une bosse légère qui s'était mise à palpiter la veille. Comme Mme Gaillard ne proposait rien, elle s'enhardit :

— Je peux aller voir la vieille Léopoldine... elle...

— Tu es folle ! Tu veux donc brûler en enfer après ta mort, pour toute l'éternité ? Ne sais-tu pas que cette faiseuse d'anges est issue du diable ! Je ne veux pas être complice d'un crime !

Léonie n'osa pas répondre. Mme Gaillard avait raison. Mais comment allait-elle faire pour l'élever, seule ? Elle n'avait ni logis ni économies. Et puis on la traiterait de fille mère et son enfant de bâtard ! Même monsieur le curé lui reprocherait sa faute.

Elle ne survivrait pas à cette honte.

Soudain, au milieu de sa détresse, elle l'entendit. Elle n'avait pas besoin de lever les yeux sur la cazelle pour savoir qu'il sifflait pour elle : l'engoulevent.

À croire qu'il vient me voir chaque fois que c'est important ; pour me rassurer, me consoler, me donner de l'espoir. Comme il y a quatre ans, quand j'ai trouvé Nina dans la cazelle.

Elle tourna la tête vers Mme Gaillard, mais celle-ci, visiblement, n'avait rien entendu. Alors, elle scruta la cabane de pierre : il n'y avait nul engoulevent sur le toit !

Je rêve. Ou alors je deviens folle! Pas étonnant, quand les femmes sont enceintes elles deviennent folles. Je l'ai bien vu chez Mme Gaillard!

— Nous vous attendions avec impatience! s'exclama maître Gaillard en s'emparant de la corbeille de sa femme. J'espère que vous avez apporté ce pâté en croûte que j'aime tant!

Puis, sautant du coq à l'âne, il reprit, en dévisageant sa fille avec orgueil:

— Nina a bien travaillé, elle ne s'est pas plainte une seule fois. Comme une vraie fille de vigneron!

Seulement, ce n'est pas un garçon. Elle aura beau faire, elle ne portera jamais la hotte, par exemple. Et plus tard, quand je serai vieux, comment pourrai-je confier le domaine à une femme?

Maître Gaillard chassa cette pensée. Rien ne devait troubler la joie des vendanges. Le dicton populaire ne dit-il pas: qui vivra verra? Et à chaque jour suffit sa peine?

— Maman, maman, regarde!

Mme Gaillard suivit des yeux le doigt de Nina et s'extasia sur le papillon chamarré qui tournoyait au-dessus des ceps.

Puis on s'installa autour de la nappe, à même le chemin, pour partager le pain et le fromage de chèvre, le saucisson et le pâté. Nina mangeait avec appétit. Un seul des vendangeurs chipotait, comme absent.

C'était Léon.

Mme Gaillard remarqua son air lointain, et son visage qui brusquement s'illuminait quand il se posait sur Léonie.

Et si c'était lui, le père ? Il s'est laissé séduire par ce joli visage, et plus encore, et a culbuté cette petite sotte qui s'est laissé faire, sans penser à mal, tant elle est ignorante de ces choses. C'est pourquoi elle ne se souvient pas ou ne veut se souvenir de rien.

Léon… Ils formeraient un joli petit couple, elle si jeune et lui dans la force de l'âge. Une orpheline et un veuf. Léonie lui donnerait une nouvelle famille, à lui qui avait tout perdu, femme et enfants, dans l'incendie de sa ferme.

Je vais les marier, ces deux-là. Et ils resteront avec nous. Mon mari ne perdra pas son précieux valet et moi je garderai ma Léonie, un peu sotte mais si gentille.

L'avenir lui sembla aussi lumineux que cette journée de septembre.

5

Léon tomba à genoux.

Il se pencha, et dans un geste d'adoration, il posa ses lèvres sur la terre.

Léonie en fut si bouleversée qu'elle en demeura pétrifiée, la main soutenant son ventre arrondi.

— Notre terre, Léonie!

Cette terre était le cadeau de noces que leur avait fait maître Gaillard quelques jours plus tôt, un cadeau dûment authentifié par le notaire de Cahors. Et si ce dernier avait été étonné, il n'en avait rien laissé paraître. Trente ans de pratique dans cette étude héritée de son père lui avaient fait comprendre bien des réalités de l'âme humaine; en son for intérieur il avait tiré ses propres conclusions qu'il gardait secrètes, comme l'exigeait sa fonction.

Léon restait agenouillé, et Léonie, qui commençait à fatiguer à quelques semaines du terme de sa grossesse, le pressa:

— Mon cher mari, rentrons! Nous avons encore de l'ouvrage! Et j'ai un peu froid!

Elle ramena le col de sa pèlerine contre son cou et avança d'un pas pour se mettre en marche, mais Léon ne bougea pas.

Enfin, au bout d'un long moment, il se redressa et entoura sa femme de son bras.

— Je vais épierrer cette terre et y planter des vignes. Dès que nous aurons quelques sous tu auras ta maison à toi, ma femme, promit-il d'un ton grave. J'ai des économies et j'ai calculé que d'ici une paire d'années, je pourrai faire construire, à condition de mettre la main à la maçonnerie. Le travail ne me fait pas peur !

— Je ne suis pas pressée. Je trouve que l'idée de madame est très bonne. Elle nous donne leur ancien logis, à condition que je vienne chaque matin l'aider et m'occuper de Nina.

— Je veux être mon maître le plus vite possible, comme je l'ai été, avant que ce grand malheur ne s'abatte sur moi…

Léonie baissa les yeux. Elle n'aimait pas quand son mari faisait allusion à cet incendie meurtrier. Ce rappel de la tragédie la gênait.

— Je ne veux pas que tu restes une servante toute ta vie, reprit Léon en fixant sa femme, tu mérites d'avoir ta propre maison, et même une petite bonne… seulement nous n'en sommes pas là. Pourtant, j'ai confiance ! Depuis que les vignobles dans le Sud sont attaqués par l'oïdium, nos vins n'ont plus guère de concurrence ; c'est une chance pour nous !

Léonie fit la moue. Elle ne trouvait pas très raisonnable cette passion folle que les hommes portaient au vin. Il y avait d'autres cultures aussi nobles, le blé, l'orge, le seigle, le tabac… mais le vin, selon eux, permettait des miracles, amenait la prospérité là où les autres cultures avaient seulement permis de survivre.

On était le premier dimanche de février et la campagne s'étirait sous un ciel grisâtre, chargé de nuages. Léonie leva les yeux. Elle aimait penser que les nuages s'en allaient jusqu'à l'océan, ou jusqu'à la mer bleue dont le maître d'école leur avait parlé en les désignant du bout de sa baguette sur la grande carte accrochée au mur. Mais seuls les gabarriers avaient la chance de voir du pays.

Léonie se surprenait à imaginer d'autres paysages, des contrées de sable et d'eau mouvante. Elle avait gardé dans sa chambre le coquillage que le Russe lui avait offert. Une coquille vide qu'elle portait à son oreille pour tenter de percevoir les bruits de la mer.

— Tu frissonnes! Je suis un mauvais mari. Rentrons vite et tu boiras une tisane bien chaude!

La jeune femme s'accrocha au bras de son époux et le couple prit le chemin du retour, vers la vieille ville de Cahors, au-delà du pont Valentré.

Tout en marchant, lentement à cause de son gros ventre, Léonie songeait aux événements qui s'étaient déroulés ces derniers mois, à la vitesse de l'éclair, lui semblait-il. Elle avait eu si peur lorsqu'elle avait avoué, en ce premier jour de vendanges, sa grossesse à Mme Gaillard! Par chance, elle avait été compréhensive et ne l'avait pas accablée de reproches. Elle en avait parlé le soir même à son mari qui s'était entretenu le lendemain matin avec Léon. Et Léon avait été ravi de l'épouser!

Et Léon et Léonie étaient passés devant monsieur le maire puis devant monsieur le curé qui les avait unis par les liens sacrés du mariage. La cérémonie avait été brève et n'avait donné lieu à aucune fête, au vu du veuvage de Léon et de la grossesse de Léonie. Mais ils étaient allés tous les cinq au restaurant de la mère Marcelle, appelé pompeusement *Au Cerf d'or*, où ils avaient dégusté gibier et foie gras. M. Gaillard avait tenu à régaler son petit monde. Ç'avait été une journée joyeuse, surtout grâce à Nina, si charmante, rieuse et gracieuse. Elle avait chanté des petits airs que sa mère lui avait appris, et ils avaient chaudement applaudi.

Il n'avait pas été question d'amour, puisque comme le disait Mme Gaillard, l'amour ne fait pas de bons mariages.

Léonie n'était pas dupe. Léon ne l'aimait pas comme il avait aimé sa première épouse. S'il l'avait épousée, c'était à cause du cadeau de noces : ces arpents de terre si précieux où il ferait pousser la vigne, comme maître Gaillard. Mais s'il n'était pas passionnément amoureux, tout au moins éprouvait-il de la tendresse pour sa jeune femme et une sorte de gratitude : elle allait lui donner un nouveau foyer et l'espérance d'une famille. Pour cette famille, il était prêt à se battre, à gagner à la sueur de son front chaque arpent de terre, pour prouver qu'il n'était pas encore un vieillard et que la vie lui devait cette seconde chance.

Et tant pis si j'ai épousé une petite fofolle qui ne se souvient même plus de nos ébats ! Dire qu'elle a osé prétendre que l'enfant avait été conçu sans père ! Se prendrait-elle pour la Vierge Marie ? Heureusement que je ne me suis pas dérobé à mes responsabilités, et que maître Gaillard s'en est mêlé, sinon cette pauvre Léonie se retrouverait fille mère, persuadée que son enfant a été conçu par le Saint-Esprit !

Ils passèrent devant la demeure blanche des Gaillard, mais nul bruit n'émanait du jardin vide. Mme Mathilde devait être en train de broder ou de coudre devant la cheminée, le maître contrôlait ses outils de vigneron, autant pour le plaisir de les manipuler que pour s'assurer que l'ouvrier s'en était bien occupé. Quant à Nina, elle jouait à la poupée dans sa jolie chambre. Une famille comblée par le sort.

Ils s'engagèrent, bras dessus, bras dessous, sur le pont Valentré, rendu glissant par le gel de la nuit. Léonie se cramponna au bras de son mari, pour ne pas risquer de chuter et de perdre cet enfant.

Elle l'aimait déjà, ce petiot. Bien sûr, c'était étrange et vraiment mystérieux qu'il ait atterri dans son ventre. Elle allait devenir mère de famille. Cette responsabilité ne lui faisait pas peur, élever un enfant n'était pas si compliqué. Elle avait langé, baigné, veillé jour et nuit sur Nina qui grâce à ses soins vigilants avait échappé aux maladies et était devenue une magnifique petite fille.

Arrivés sur l'autre rive, ils furent arrêtés par une voix enfantine.

C'était Gustave, le frère de lait de Nina, qui demandait :

— Vous avez vu Nina ?

— Non, mais elle va bien !

Tout le monde savait que Gustave adorait Nina, et qu'il était malheureux d'être séparé d'elle.

Alors Gustave, rassuré, déclara fièrement en bombant son torse maigre :

— Moi j'irai à l'école à la rentrée prochaine, mon père l'a promis ! Je saurai lire et écrire ! Comme ça je pourrai me marier avec Nina quand je serai grand. Et j'aurai le droit de la voir tout le temps.

Il avait l'air si sûr de lui que Léonie éclata de rire.

— Il faut que maître Gaillard te donne sa bénédiction et tu sais qu'il n'a qu'une fille! Il voudra pour elle un bon parti!

Comme le visage du petit garçon blêmissait, elle se hâta d'ajouter:

— L'école, c'est bien, Gustave. Tâche d'apprendre et de devenir savant, alors maître Gaillard te donnera sa fille...

Les yeux de Gustave s'illuminèrent. Il aimait Nina depuis qu'accrochés aux seins de sa mère ils avaient appris à se connaître. Mais il se rendait compte que maître Gaillard n'appréciait pas ses visites. La dernière fois, il lui avait même dit que sa fille ne pouvait pas jouer avec le fils d'un journalier.

En rentrant chez lui, il avait fait la comparaison entre le petit logis et la belle demeure blanche au milieu des vignes, plantée sur la colline, dominant la vallée. Il s'était promis qu'un jour il posséderait une grande maison remplie de meubles lourds, de tapis et de tentures, comme celle de maître Gaillard.

Et maître Gaillard ne lui interdirait plus de voir sa fille.

Ce fut également au cours d'un dimanche, deux semaines plus tard, que Léonie ressentit les premières douleurs.

Mme Mathilde l'avait invitée à goûter et avait confectionné de ses mains le dessert préféré de Léonie, cette perle qu'elle allait perdre car son mari exigeait qu'elle reste chez elle pour élever le bébé. Tout au plus aurait-elle le droit de monter trois fois par semaine pour aider la nouvelle petite bonne, laquelle arriverait dans quelques jours.

Les hommes étaient partis dans les vignes. Un médecin, prétendait maître Gaillard, travaille aussi le dimanche. Pourquoi moi, vigneron, n'aurais-je pas le droit de m'occuper du vin de Dieu ?

Il faisait ainsi référence aux tonneaux qu'il expédiait via Bordeaux jusqu'à la lointaine Russie où son vin était utilisé par les popes, ces saints hommes.

— Qu'as-tu, Léonie ? demanda Mme Gaillard qui venait de remarquer le visage crispé de Léonie.

— J'ai mal, mais ça va passer sans doute. La matrone m'a dit que le terme n'était que pour dans deux semaines, j'ai encore le temps...

— Il lui arrive de se tromper. Penses-tu pouvoir te lever et marcher jusque chez toi ?

Léonie se leva, mais après quelques pas, se laissa tomber sur une chaise.

— J'ai trop mal. J'ai l'impression que le bébé est tombé en bas de mon ventre... et qu'il presse pour sortir !

Mme Mathilde s'efforça de garder son calme. Léonie allait accoucher, et elles étaient seules avec les enfants qui jouaient dans le jardin. En effet, Léonie, à l'aller, avait croisé Gustave qui l'avait suppliée de l'emmener, et elle avait accepté. Aussi les deux enfants s'amusaient-ils ensemble.

— Dites à Gustave d'aller chercher la mère Boule ! Gustave est dégourdi, il la trouvera. Il a l'habitude de faire des courses pour les uns et les autres...

Mme Mathilde hésita. Léonie allait donner naissance à son enfant chez elle ! Des sentiments contradictoires l'agitaient. Personne n'était jamais né dans cette maison. Et c'était elle, la maîtresse, qui aurait dû se trouver à la place de Léonie.

Un éclair de jalousie et de dépit la traversa. Elle se ressaisit:

— Je vais t'aider à monter, puis j'irai dire à Gustave de chercher la mère Boule.

Ainsi appelait-on la matrone dont le véritable patronyme devait être différent, mais plus personne ne le connaissait. Elle officiait depuis plus de trente ans, et le médecin lui-même avait en elle une entière confiance, ne se déplaçant que si l'enfant se présentait par le siège, ou en cas d'hémorragie.

Léonie enleva sa robe et s'allongea entre les draps aux senteurs de lavande. C'était la première fois qu'elle se trouvait allongée dans ce lit, sur ce bon matelas de laine, que maître Gaillard partageait avec sa femme.

Pendant que Mme Mathilde redescendait l'escalier pour confier sa mission à Gustave, Léonie observait la pièce que d'ordinaire elle ne voyait que debout ou à genoux quand elle récurait le plancher. La chambre était plus spacieuse que celle qu'elle occupait avec son mari, et plus richement meublée, avec sa grande armoire en chêne massif si joliment décorée d'arbres et de feuillages. En face d'elle, elle pouvait, si elle s'asseyait contre les coussins, se mirer dans la glace qui ornait la coiffeuse. Un magnifique nécessaire de coiffure en argent était posé sur le bois.

Elle se raidit sous la contraction. Une peur terrible l'envahit tout entière.

Elle en hurla de terreur. Des pas se précipitèrent dans l'escalier, et Mme Gaillard pénétra en trombe dans la chambre.

— Laisse-moi regarder!

D'un geste vif, elle souleva la couverture de laine, et le ventre lui sauta aux yeux, rebondi qu'il était. Elle s'enhardit à demander:

— Écarte les jambes, que je voie si la tête pointe!

Nina avait blotti sa petite main dans celle de Gustave. Elle était fière et inquiète en même temps, consciente d'avoir désobéi à sa mère. Elle devrait être en ce moment même dans sa chambre, en train de s'amuser avec sa dînette et ses poupées.

Mais elle avait couru rattraper Gustave. Et Gustave en avait été trop content pour l'empêcher de le suivre.

Les deux enfants se hâtaient vers le pont, Gustave tirait la fillette plus lente que lui. Il faisait un temps de printemps, suave et exhalant des senteurs douces, avec un ciel bleu presque céruléen.

Ils atteignirent le pont.

— La maison de la mère Boule est juste de l'autre côté. On est presque arrivés, Nina! Tu n'es pas trop fatiguée?

— Je ne suis jamais fatiguée, protesta la fillette. Je suis aussi forte qu'un garçon!

Gustave sourit, avec un zeste de pitié. Une fille ne pouvait pas être aussi forte qu'un garçon! Il devait reconnaître que sa mère, et toutes les voisines, travaillaient d'arrache-pied dans les champs et dans leurs maisons; mais les hommes, c'étaient les hommes, un point c'est tout!

Comme chaque fois qu'elle traversait le pont, Nina se sentit troublée, sans doute à cause de la légende colportée de bouche en bouche. Le diable en personne était intervenu pour que ce pont se construise, au cours du Moyen Âge…

Gustave ne semblait pas impressionné par le diable ; c'était un enfant robuste, les pieds solidement arrimés sur la terre ferme et la tête froide. À cinq ans il avait déjà décidé de son avenir, il ferait des études à Bordeaux, la grande ville au bord du fleuve. Il ne cultiverait pas la terre et ne louerait pas ses bras. Il deviendrait un vrai monsieur. Comme le Russe.

Le Russe était son modèle, bien davantage que son journalier de père, et même que maître Gaillard.

Il n'avait jamais rencontré le Russe mais il avait tant entendu parler de lui qu'il lui semblait familier. En tout cas, c'était un monsieur, bien habillé, avec un chapeau et des belles chaussures cirées, un cheval et un sac de voyage. Et il était si riche !

— Nous sommes arrivés !

Gustave frappa à la porte. Elle s'ouvrit sur une femme d'un certain âge, mais au regard vif ; devant les deux enfants, elle comprit et s'exclama :

— Comme ce n'est pas pour ta mère, mon petit Gustave, je suppose que c'est pour Léonie ?

Elle s'adressait à un petit garçon qu'elle avait mis au monde. Nina était la seule enfant du bourg qu'elle n'avait pas vu naître, aussi la considérait-elle un peu comme une étrangère.

— Oui, confirma ce dernier, c'est pour Léonie, et ça presse, alors on est venus aussi vite qu'on a pu !

6

Mme Gaillard s'affairait dans la cuisine, tout en tendant l'oreille vers la chambre du haut. Léonie ne criait plus. La dernière contraction avait été plus violente que les précédentes et Mme Gaillard avait bien cru que l'enfant allait naître, mais depuis ce moment plus rien ne s'était passé.

Elle en avait profité pour descendre et préparer l'eau chaude que la mère Boule réclamerait à son arrivée. Heureusement, elle en avait toujours en réserve dans le fourneau!

Elle se mit à remplir la bassine d'eau chaude, attentive aux bruits de la maison.

Pourvu que la mère Boule arrive à temps! Que ferais-je sans elle?

Elle en tremblait d'effroi.

Tu dois monter voir où cette pauvre Léonie en est. Tu n'as pas le droit de la laisser seule.

Elle monta, sa bassine dans les mains.

Léonie était arc-boutée sur le lit et poussait désespérément, avec une sorte de frénésie passionnée.

— Je crois qu'il vient! souffla-t-elle entre deux poussées, je le sens entre mes jambes.

Alors Mme Gaillard appuya de toutes ses forces sur le ventre de la jeune femme et une tête émergea entre les cuisses.

— Encore une fois, Léonie, tu y es presque !

Léonie obéit ; Mme Gaillard accueillit le nouveau-né entre ses mains rougies de sang et le brandit, pour qu'il puisse inspirer et pousser son premier cri.

Toutes deux attendaient un cri. Il jaillit brusquement, traversant l'air avec une force invincible ; elles sourirent, soulagées. L'enfant était vivant.

Alors Mme Gaillard s'écria :

— C'est une petite fille ! Elle a l'air bien formée. Il ne lui manque rien, une vraie beauté ! Tu peux en être fière !

Elle posa l'enfant gluant sur le ventre de sa mère, et aussitôt les cris s'apaisèrent.

— Je vais couper le cordon puisque la mère Boule n'est toujours pas là, déclara Mme Gaillard en quittant la pièce pour aller chercher l'instrument. Prends-la dans le lit avec toi, pour qu'elle ne prenne pas froid…

Seule avec le nouveau-né, Léonie scrutait attentivement le visage de sa fille. Elle devait ressembler à n'importe quel nourrisson, avec ses traits chiffonnés et son teint rouge. Mais au contraire de beaucoup d'entre eux, elle avait des cheveux très noirs, tout mouillés.

Un vrai petit corbeau.

Elle ferma les yeux. Depuis quand n'avait-elle plus serré un nourrisson dans ses bras ? Le dernier avait été Nina, ce fameux jour du mois d'août où elle l'avait découverte dans la cabane, au milieu des vignes. Elle se souvenait parfaitement de ce moment incroyable où elle avait ramassé le petit paquet enveloppé dans une couverture ; elle ne savait pas qu'en faire… et elle l'avait ramené chez les Gaillard.

Et voilà qu'elle mettait son enfant au monde chez les mêmes Gaillard!

Le nouveau-né s'était endormi, blotti contre le flanc de sa mère qui n'osait bouger de peur de l'écraser.

Elle tressaillit en entendant:

— C'est bien joli de ne pas m'avoir attendue pour accoucher! Mais si je vois l'enfant, je ne vois pas la poche! L'aurais-tu gardée en toi?

Léonie secoua la tête, elle ne savait pas, elle s'était assoupie. Elle n'avait pas même entendu Mme Gaillard revenir avec les ciseaux et couper le cordon.

— Alors va falloir l'expulser, ma petite! Viens, que je regarde ça!

La mère Boule examina la jeune femme avec soin, appuya sur le ventre pour expulser le placenta.

— Pour une première fois, tu as fait vite! L'affaire a été rondement menée, ma belle, tu dois être faite pour avoir une nombreuse marmaille. Montre-moi l'enfant. Faut que je l'examine et que je le lave, ce petit ange. Ah, c'est une fille! Ton mari ne va pas être content!

— Pourquoi?

— Parce que comme tous les mâles il veut fabriquer un autre mâle, un héritier! Moi aussi je préfère les garçons! Les filles sont toutes des pisseuses!

Nina, sur le pas de la porte, ouvrait grand ses oreilles. Ainsi le bébé était né pendant qu'elle était dehors, avec Gustave. Elle aurait aimé être présente. Comment était-il arrivé? Elle avait compris que Léonie l'avait porté dans son ventre, mais par où était-il sorti? Par le nombril, lui avait répondu Gustave, à qui elle avait posé cette question cruciale. Quand le moment arrive, le nombril s'ouvre, et hop, on cueille l'enfant.

C'est du moins ce que sa mère lui avait confié, en le priant de ne pas s'occuper de ces détails. C'était une histoire entre filles ; pour cette raison, les futures mères se faisaient aider par les matrones, et très rarement par le médecin.

— Vous y allez fort, mère Boule ! s'exclama Mme Gaillard, choquée par cette affirmation péremptoire. En tout cas, sans filles il n'y aurait plus de garçons !

La mère Boule hocha la tête :

— Je sais de quoi je parle. On ne peut pas faire confiance aux femmes, toujours à aguicher les gars, à écarter les jambes, et après, elles se plaignent de se retrouver grosses ! Et je ne parle même pas de celles qui vont chez la sorcière, et de celles qui abandonnent leur nourrisson n'importe où, au petit bonheur la chance !

Faisait-elle allusion à la naissance de Nina ? Sans doute car elle s'était tournée vers la fillette et la dévisageait avec insistance.

Elle marmonna encore quelques paroles dans sa barbe, que Nina entendit. Il était question de bâtarde qui n'aurait jamais dû voir le jour…

Une fois ses vilenies débitées, elle ajouta :

— Je rentre chez moi ! Léonie viendra me payer quand elle sera relevée de ses couches. Le plus tôt possible, parce que moi, qui ne suis pourtant pas docteur, je crois qu'il vaut mieux se lever rapidement plutôt que se prélasser au lit. Les jambes doivent bouger pour que le sang circule. Et puis tu donneras le sein à ta fille dès qu'elle se réveillera. Et autant de fois qu'elle voudra. Pas de raison que tu n'aies pas de lait!

Elle se tourna vers Mme Gaillard pour la féliciter.

— Vous voyez que vous êtes capable de mettre un enfant au monde!

Léonie en resta bouche bée, choquée au point d'en avoir la gorge nouée. Cette méchante bonne femme osait rappeler à la pauvre Mme Mathilde qu'elle était stérile!

— Je ne voulais pas vous faire de peine, madame Gaillard. D'ailleurs, je devine, à vous voir, que je vais bientôt être obligée de revenir…

— Que voulez-vous dire, mère Boule?

— Une chose très simple, que j'ai vue au premier coup d'œil: vous êtes grosse, et cette fois de plus de trois mois, au moins cinq, mais faudrait que je vous examine pour en être sûre!

Mme Gaillard fixait la mère Boule avec des yeux exorbités. Grosse! La mère Boule avait-elle perdu la tête? Pourtant, tout abasourdie qu'elle était, elle déclara:

— Dans la chambre de Nina, vous pourrez m'examiner… j'aimerais en avoir le cœur net.

Déjà, elle voulait y croire.

La mère Boule ne s'était pas trompée; après avoir ausculté Mme Gaillard, elle déclara:

— Ce sera pour dans quatre mois. Ne vous en faites pas, madame Gaillard, vous n'êtes pas la seule à ne pas vous rendre compte que vous êtes grosse. Ça arrive de temps en temps, surtout que vous, vous aviez fait une croix sur une grossesse! Donc vous n'avez pas prêté attention aux changements…

La future mère se rajustait en murmurant :

— Oui, et je n'espérais plus rien. J'en ai perdu tellement, des petits anges que je n'ai pas eu le bonheur de serrer dans mes bras !

— Contrairement aux autres, celui-ci a l'air de vouloir s'accrocher ! Vous n'avez plus qu'à annoncer la bonne nouvelle au maître. Lui qui voulait un héritier, vous êtes en train de le lui fabriquer, en douce. J'y pense soudain, maintenant que vous aurez un enfant à vous, madame Gaillard, qu'allez-vous faire de la petite Nina ? Vous savez que dans le bourg et bien plus loin encore, on l'appelle la bâtarde ? Vous vous êtes attachée à elle, je comprends, mais personne n'oublie que c'est une enfant trouvée, recueillie par charité... Et on parle beaucoup, jusque sur les causses... À vrai dire, ça n'est jamais arrivé dans notre pays, qu'on trouve un nourrisson dans une cazelle ! Alors, ça jase ! Bon, maintenant, avec un enfant à vous, ça va changer...

Dehors, la matrone se retourna pour contempler la belle maison blanche. Elle hocha la tête et marmonna :

— Maître Gaillard a beau avoir de l'argent et de belles vignes, il se passe de drôles de choses dans son foyer ! Une bâtarde qu'il élève comme si elle était sa fille, la petite bonne qui accouche dans le lit conjugal, et maintenant une épouse qui tombe enceinte alors qu'elle n'attendait plus rien ! Vraiment étrange ! Sans parler de ce Russe dont il s'est entiché, et qui est presque devenu un ami de la famille...

À partir de ce jour, Mme Gaillard se consacra à l'attente. Elle veillait sur le fruit de ses entrailles avec un soin jaloux. Nina avait compris qu'un bébé grandissait dans le ventre de sa mère ; celle-ci restait de longues heures assise dans sa chaise à bascule, devant l'âtre. Elle se balançait doucement, la main posée sur son ventre, murmurant des paroles inaudibles que même Nina, à l'ouïe fine, ne parvenait à capter.

C'était un dialogue entre mère et bébé, duquel elle était exclue.

Nina se sentait seule, d'autant plus seule que Léonie, dont la petite fille, Catherine, souffrait de diarrhées, avait cessé de travailler pour les Gaillard. Mme Mathilde l'avait remplacée par une jeune servante du nom de Gisèle, qui n'aimait pas Nina. Elle était jalouse de sa beauté, elle qu'on surnommait Gilalaide, à cause de ses traits lourds et de ses grosses mains.

Nina, en ce matin de mars, s'ennuyait. Léonie lui manquait. Gustave allait en classe et adorait l'école. Depuis qu'il la fréquentait, il n'avait plus le temps de monter sur la colline pour jouer avec elle.

Et son père avait refusé de l'emmener aux vignes. Il était parti avec Léon sans écouter ses suppliques. Alors qu'avant, il était content quand elle glissait sa petite main dans la sienne et qu'il pouvait lui expliquer les mystères de la vigne, quand elle le suivait dans les chais et qu'il lui montrait les lourds tonneaux où le précieux breuvage attendait de partir pour les lointaines et mystérieuses contrées de l'Est.

La pluie s'était mise à tomber. Nina, qui jouait à cloche-pied dans le jardin, courut se mettre à l'abri et rentra.

Mme Gaillard somnolait devant l'âtre où flambaient des bûches de chêne. Nina s'approcha sur la pointe des pieds pour ne pas la réveiller. Elle resta un moment immobile à observer sa mère, si douce, si tendre, renversée dans le fauteuil à bascule, les yeux fermés, un sourire accroché aux lèvres. Sans nul doute rêvait-elle à quelque chose de beau, et cette beauté devait être intimement liée à l'enfant qui poussait sous sa peau. Soudain, une bosse se forma sous le tissu. Cette bosse étrange semblait animée d'une vie propre, alors Nina avança d'un pas, puis d'un autre, et d'un geste instinctif, elle posa sa main sur elle.

Ce geste suffit à réveiller Mme Gaillard. Elle sursauta violemment, se rassit d'un bond, toute raide. Puis elle repoussa la petite main de Nina avec tant de violence que la fillette recula précipitamment, se heurta à la cheminée et perdit l'équilibre.

Mme Gaillard ne se leva pas pour l'aider à se remettre sur pied. Elle demeurait comme hébétée, les yeux fixes, contemplant l'enfant à terre.

— Les filles, ce sont vraiment des pisseuses. Pourquoi pleures-tu donc ? Parce que tu es tombée ? Tu n'es qu'une mauviette ! Ah, si tu étais un garçon, tu saurais te tenir !

Elle agita une main excédée :

— Monte dans ta chambre ! J'ai besoin de me reposer !

Elle n'ajouta pas « tu me déranges », mais elle le pensait si fortement que Nina l'entendit. Celle-ci sécha ses larmes d'un bout de manche, renifla, puis quitta la salle sans dire un mot.

Elle essayait de comprendre, mais elle ne comprenait pas. Pourquoi gênait-elle sa mère ? Elle n'avait pourtant fait aucune bêtise, renversé aucun pot de confiture et, depuis longtemps, elle ne mouillait plus son lit, la nuit.

Elle avait le cœur lourd en grimpant l'escalier, si lourd qu'elle avait l'impression d'être très fatiguée. Elle se jeta sur son lit et enfouit sa tête dans l'oreiller qui sentait la lavande que Léonie utilisait pour parfumer le linge. Cette odeur la rasséréna un peu. Elle se redressa, contempla son domaine, cette large chambre et ses deux fenêtres ouvertes sur la campagne. Dès le lever elle pouvait admirer le vignoble, assister aux changements de couleur sur les feuilles des ceps et se réjouir de sa chance. Car elle se souvenait parfaitement des propos de Léonie, « tu as de la chance, Nina, souviens-t'en toujours, d'avoir été recueillie par maître Gaillard et Mme Mathilde qui t'aiment comme si tu étais leur enfant, et ne te privent de rien. Sans eux tu serais obligée de vivre dans un orphelinat où tu aurais à peine un lit pour toi. Et où tu ne mangerais de la viande qu'une fois par mois, où tu t'endormirais souvent le ventre vide ».

Nina monta sur la chaise pour mieux observer le dehors qu'elle aimait presque davantage que le dedans. Bien sûr, sa chambre était belle, avec son parquet ciré, son armoire de chêne et son lit à la jolie courtepointe bleue. Mais dehors était autrement fascinant !

La pluie avait cessé, et un soleil éclatant avait percé les nuages. Nina battit des mains : au-dessus des vignes s'étirait un arc-en-ciel si beau qu'elle ne pouvait le quitter des yeux. Une splendeur.

C'était son premier arc-en-ciel. Elle faillit crier de joie, mais se retint, de peur de se faire gronder.

L'arc-en-ciel l'attirait irrésistiblement, alors elle sauta de sa chaise et sur la pointe des pieds descendit l'escalier pour marcher jusqu'à lui.

Il était toujours là quand elle arriva sur le seuil de la maison. Il l'attendait, elle, Nina, la petite fille qui avait besoin d'être consolée.

Elle tendit les bras comme si elle avait l'espoir d'attraper ces couleurs chatoyantes; elles irisaient le ciel. Évidemment, l'arc-en-ciel ne se laissa pas toucher, tout au plus étira-t-il encore davantage ses lueurs célestes pour mieux séduire l'enfant.

Nina alors se mit à avancer vers lui. Elle n'aurait su pourquoi, et encore moins où elle allait. Simplement, elle voulait le voir de plus près, pouvoir admirer davantage cette beauté.

Elle devait se mettre en route. Il arriverait bien un moment où elle serait assez proche de lui pour le regarder les yeux dans les yeux.

Pendant combien de temps marcha-t-elle? Au bout d'un long moment, elle eut mal aux pieds et s'assit contre le talus du chemin. Autour d'elle, il n'y avait que des vignes, et dans le ciel l'arc-en-ciel avait disparu, englouti par les nuages. La pluie, fine, avait repris; Nina trembla de froid. Elle avait oublié de passer sa pèlerine et était sortie en robe de lainage, sans même un châle.

Alors, elle avisa les ceps et se dit qu'elle trouverait refuge sous les feuilles, bien qu'en ce mois de mars elles soient encore petites.

Elle s'accroupit dans la vigne et respira avidement l'odeur de la terre gorgée de pluie. Cette odeur l'enivrait, presque autant que le verre d'eau coupé de vin qu'elle avait le droit de boire, le dimanche. Ça sentait encore plus divinement bon que le savon à la lavande avec lequel on la lavait, dans le grand baquet, le samedi soir.

Elle replia ses bras contre ses jambes et, vaincue par la fatigue, elle s'endormit entre les ceps.

On ne la retrouva qu'à la nuit tombée.

Ce fut le cantonnier qui remarqua la petite forme immobile. Une battue avait été organisée dès que maître Gaillard était rentré chez lui et avait trouvé sa femme en larmes. Aussitôt il avait pris l'affaire en main et, avec l'aide de ses deux domestiques, il avait rameuté les voisins, puis le cantonnier s'était joint à la petite troupe. Ils sillonnaient les environs depuis deux heures.

Le cantonnier releva la fillette pour s'assurer qu'elle allait bien, car à la voir aussi immobile il avait craint le pire ; heureusement il y avait eu plus de peur que de mal, et la fillette était saine et sauve, même si elle avait besoin de couvertures et d'une boisson chaude.

Maître Gaillard ne prononça pas un mot, laissa le cantonnier porter l'enfant sur le chemin du retour. Quelle mouche avait piqué Nina ? Il sentait la colère monter dans sa poitrine. Avec tout ce qu'ils faisaient pour elle, voilà qu'elle s'enfuyait et amenait le désordre dans sa maison ! C'était ainsi qu'on était récompensé de sa bonté, pensa-t-il.

Toutefois, il était content de pouvoir la ramener à la maison. La perdre aurait été intolérable. Et puis la petite était maligne, elle s'était abritée sous les ceps. Une vraie fille de vigneron. Aucun doute, elle avait ça dans le sang !

— Voilà ta fille, lança-t-il à sa femme. Elle en fait de belles, ta pisseuse !

Sur ces mots, il tourna le dos, laissant Mme Gaillard s'occuper de la pisseuse. Il avait encore des affaires à régler et il avait assez perdu de temps avec cette histoire idiote. Avec un peu de chance, il deviendrait la risée de Cahors, lui, maître Gaillard ! On jaserait dans les maisons, on rirait de lui, on se moquerait de sa bâtarde !

Bâtarde on naît, bâtarde on reste, pensa-t-il, amer.

Il était en colère. À la colère se mêlaient la honte et une sorte de dépit. Il ne méritait pas un tel traitement !

Une fois de plus, sa colère se retourna contre sa femme. Tout était sa faute à elle ! Si elle avait été capable de lui donner un enfant plus vite, Nina aurait été prise en charge par l'État et on n'aurait plus jamais parlé d'elle.

Seul dans la remise, devant les outils qui lui servaient à soigner sa vigne, maître Gaillard ruminait son infortune. Puis, soudain, il sourit : sa femme allait lui donner un garçon. Un fils. Et le reste n'aurait plus aucune importance. À Cahors chacun saurait, le jour même de sa naissance, qu'un héritier lui était donné, et plus personne ne songerait à ricaner.

7

Mme Gaillard avait eu très peur de ne jamais revoir Nina. Quand elle avait vu derrière les croisées la silhouette du cantonnier portant la fillette, son cœur avait failli se briser d'angoisse. On la lui rapportait, morte !

Les images les plus folles avaient traversé sa tête pendant ces longues heures d'attente insupportable. Elle avait imaginé le pire, Nina attaquée par un chien ou un animal sauvage et gisant dans une mare de sang, ou encore Nina agressée, violentée et tuée par un vagabond de passage.

Aussi s'était-elle approchée avec crainte, s'attendant au pire, et avait-elle poussé un soupir de soulagement en constatant que l'enfant était indemne.

Elle l'avait enveloppée de couvertures et lui avait préparé un lait chaud. Nina avait bu avidement, mais sans dire un mot, la pauvrette. Ce ne fut qu'au bout du second bol qu'elle avait eu la force de raconter son aventure.

L'aventure commençait sur un mensonge. Nina raconta qu'elle avait vu un petit chat, et qu'elle l'avait suivi, et qu'elle ne s'était pas rendu compte qu'elle allait trop loin.

« Et après, avoua-t-elle dans un sanglot, je n'ai pas retrouvé le chemin, alors j'ai marché, marché, et je ne savais pas où j'étais, et il n'y avait personne, pas même un chien… »

Nina avait menti. Comment aurait-elle pu dire la vérité? Dire qu'elle avait voulu s'enfuir, partir loin, loin de cette maman qui la repoussait, qui ne voulait même pas qu'elle pose sa main sur le bébé? Bien sûr, c'était son bébé, mais elle, Nina, l'aimait tellement déjà! Et sa mère voulait l'en empêcher! Elle voulait garder le bébé pour elle toute seule!

Nina savait ce qu'était la jalousie. Elle avait éprouvé ce sentiment à la naissance de la petite Catherine, la fille de Léonie. Elle avait senti son cœur se serrer méchamment, elle avait crispé les poings, et un goût amer avait rempli sa bouche. Léonie s'en était aperçue, car elle avait ri en s'écriant :

— Ma petite Nina est jalouse! Ça va te passer, bientôt vous serez amies, Catherine et toi!

Mais avec ce bébé, qui n'était pas encore né et qu'elle n'avait jamais vu, elle n'était pas jalouse. Elle l'aimait de tout son cœur de petite fille solitaire. Un sentiment de protection s'était éveillé en elle. C'était à la fois doux et fort, et depuis ce jour elle se sentait moins seule.

Mme Mathilde avait donc réfléchi, pris conseil auprès de son médecin et de la matrone, et ce matin d'avril où il faisait un temps splendide, elle déclara à Nina :

— À partir d'aujourd'hui, nous irons prendre l'air toutes les deux. Ça nous fera du bien. J'ai toujours aimé marcher, et toi aussi, on dirait!

Elle avait pris le parti d'en rire, de cette escapade. Contrairement à son mari, elle n'estimait pas l'histoire si grave. Nina était une gentille fillette, tendre et douce, et elle ne ferait pas honte à la famille Gaillard!

À partir de ce jour, la mère et la fille prirent l'habitude de ces balades qui les menaient invariablement au-delà du pont Valentré, vers la ville. Mme Gaillard avait la nostalgie du bourg où elle était née, en plein cœur des ruelles étroites, des bruits de la vie quotidienne, des marchés si vivants, des boutiques ouvertes sur le trottoir où l'on pouvait croiser tout le monde, bavarder et parler de la pluie et du beau temps. Ces temps étaient révolus pour elle, condamnée qu'elle était à vivre dans sa belle et grande maison au milieu des vignes. Elle s'était pliée à la volonté de son mari mais avait troqué à regret la maison de ville contre celle des champs, en l'occurrence des vignes.

Si elle aimait rentrer « chez elle », comme elle disait, c'était aussi pour un motif moins noble. Elle avait pris conscience que sa situation provoquait de la jalousie, voire de l'envie. Elle avait réussi son pari en acceptant d'épouser cet ancien ouvrier agricole, si ambitieux et si travailleur qu'il avait réussi en peu de temps, une vingtaine d'années. Elle avait eu de la chance d'avoir compris que cet homme, si fruste, que son père avait d'abord repoussé, ne voulant donner la main de sa fille unique à un valet de ferme, ferait d'elle une dame. Et elle ne s'était pas trompée !

La première étape était toujours la boulangerie où elle achetait son pain, parfois une brioche, et un sucre d'orge pour Nina. Nina adorait cet endroit qui exhalait une si bonne odeur, égayé par le visage épanoui de Madeleine, la boulangère, qui avait toujours un mot gentil pour tous. Et Mme Gaillard était ravie de replonger dans ses souvenirs d'enfance, à l'époque où la boulangerie était tenue par la mère de Madeleine, et que les deux petites filles jouaient dans l'arrière-cour. L'échoppe de cordonnerie de son père se trouvait juste à côté, et les fillettes avaient grandi pratiquement ensemble.

— Toi tu es restée en bas, disait parfois Mme Mathilde à sa camarade, et tu as bien fait ! Tu vois du monde, tu ne t'ennuies pas une seconde, et tu es au courant de tout !

C'était là que le bât la blessait le plus. De l'autre côté du pont, sur sa colline, les rumeurs et les bavardages l'atteignaient à peine, surtout depuis le départ de Léonie. Et les hommes étaient si peu bavards ! Il ne fallait pas compter sur maître Gaillard pour cancaner !

Madeleine n'était pas de cet avis ; elle, elle aurait aimé quitter sa boutique où il fallait chasser les rats à coups de fusil. Sans parler de la chaleur, suffocante en été, même si les murs épais tentaient de retenir la fraîcheur.

— Toi, tu as de la chance, Mathilde, tu peux respirer dans ta grande maison, et tu vois la rivière depuis les hauteurs ! Moi je suis entourée de murs. Et de gens, oui, c'est bien grâce à eux que je suis contente quand même, puisque j'aime leur faire plaisir !

Nina écoutait avidement tout en léchant son sucre d'orge. Les grandes personnes étaient passionnantes.

Après la boulangerie, Mme Gaillard se dirigeait toujours vers son ancienne maison. C'était dans cette ruelle exiguë, à quelques pas de la cathédrale, qu'elle avait vécu ses années de jeune mariée. Ses parents leur avaient offert cette maison en cadeau de noces, pour s'assurer que leur fille unique ne manquerait de rien et qu'elle resterait près d'eux pour veiller sur leurs vieux jours. Ils étaient morts brutalement d'une forte fièvre, à quelques jours d'intervalle, deux ans après les noces. Ils avaient laissé un petit pécule et la boutique de cordonnerie, dont la vente avait permis à leur gendre d'acheter quelques hectares de terre caillouteuse.

Comme d'habitude, Léonie ouvrit la porte avec un sourire. Elle avait bien envie de rire, en pensant à la surprise qu'elle allait faire à Mme Gaillard !

— Quel bonheur de vous revoir, chère madame !

Même les yeux fermés, Mme Gaillard aurait reconnu cette voix, grave, traversée par cet accent venu d'ailleurs, de ces pays auxquels elle rêvait si souvent ! La Russie, le pays des tsars et des belles églises où des popes dans un décor d'or et de pierres précieuses buvaient le précieux nectar noir issu de leurs terres.

Le Russe s'était avancé vers Mme Gaillard les bras tendus, dans cette attitude chaleureuse qui avait toujours été la sienne, et qui changeait si agréablement de la retenue des gens du Lot.

Avant même qu'elle ait eu le temps d'ouvrir la bouche, le Russe s'était tourné vers Nina qu'il soulevait de terre aussi facilement que si elle avait été un fétu de paille.

— Quelle jolie demoiselle ! Comment t'appelles-tu ? demanda-t-il en reposant la fillette à terre.

— Je m'appelle Nina, monsieur.

C'était la première fois qu'elle le voyait. Mais elle avait entendu parler de lui si souvent qu'elle avait l'impression de le connaître depuis toujours. Sa mère ne tarissait pas d'éloges à son sujet. Il représentait l'élégance, la fortune, l'aisance. Un négociant qui approchait les têtes princières dans son pays immense, qui avait l'habitude de discuter avec les puissants. Mais il n'était pas fier ! D'abord il parlait un français impeccable, comme tous les Russes de bonne famille, ensuite il s'intéressait à ses prochains et se montrait honnête en affaires.

Un homme de confiance. Maître Gaillard l'appréciait.

Et voilà que le Russe était de retour !

— Oui, reconnut-il, ça fait cinq ou six ans ! En arrivant à Cahors, je suis venu ici, dans votre ancienne demeure, où j'ai eu la chance de trouver notre petite Léonie !

Nina était éblouie. D'abord par la prestance du Russe, ses habits de beau drap bien coupé, son sourire qui donnait envie de sourire et même de rire. Il dégageait une impression de force tranquille, de légèreté et de bonheur qui touchait tous ceux qui l'approchaient.

Pendant que Léonie préparait le café, ils s'installèrent autour de la table. Mme Gaillard ne savait par quelle question commencer. Et puis elle ne devait pas se montrer indiscrète, comme le lui avait reproché son mari, après la dernière visite du Russe où elle l'avait fait longuement parler de sa famille et de sa vie en Russie. Il habitait Saint-Pétersbourg et vivait avec sa femme et leurs enfants dans une grande demeure au bord des canaux.

— Nous avons eu un troisième fils, l'an dernier ! J'ai offert à ma femme une rivière de diamants digne de la tsarine, mais elle l'a repoussée en me disant qu'elle aurait préféré une petite fille ! Est-ce ma faute si elle n'est capable d'engendrer que des garçons ?

Il éclata de rire. Nina aussi se mit à rire, sans savoir pourquoi, sans doute pour imiter cet homme joyeux.

Les trois femmes contemplaient l'étranger qui dégustait à présent sa part de brioche avec appétit. Léonie en tremblait d'excitation en versant le énième café dans la tasse de son invité improvisé. Elle était en train de nourrir sa petite Catherine quand elle avait entendu frapper à la porte. Elle était descendue, le bébé accroché à son sein. Et quand elle avait entendu sa voix à travers le bois, elle avait compris que le Russe était de retour !

Elle avait les joues rouges en ouvrant la porte. Il l'avait serrée contre lui, visiblement content de la retrouver. « Tu es devenue une vraie femme, petite Léonie ! » s'était-il exclamé.

Ils avaient eu le temps de discuter avant l'arrivée de Mme Gaillard.

— C'est la providence qui m'envoie vers toi, avait déclaré le Russe.

En effet, Léonie lui avait raconté les projets de son mari, lequel, après sa première parcelle de terre, souhaitait déjà s'agrandir. Devenir vigneron à part entière, et n'avoir plus à travailler pour maître Gaillard…

Les yeux du Russe pétillaient. Ce discours, il l'avait tant entendu ! Tous les gens du Lot, de Cahors à Puy-l'Évêque et jusqu'à Figeac n'avaient qu'un désir, troquer le tabac ou le blé contre la vigne qui commençait à rapporter gros et vous transformait en quelques années de fermier pauvre en presque bourgeois, capable de s'offrir maison et chevaux, de payer la dot de ses filles et d'assurer l'avenir de ses fils. Et lui, ça l'arrangeait dans ses affaires, cette frénésie ! Surtout qu'il ne voulait plus se contenter d'acheter le vin qui partait pour la Russie, lui aussi avait l'intention de s'agrandir, de se diversifier, d'occuper l'espace… et il en avait les capacités, en parfait polyglotte qu'il était. Il parlait, outre le français et le russe, l'anglais, et possédait quelques rudiments d'espagnol et d'allemand. Autant de clients potentiels, aux quatre coins du monde !

Car le monde entier buvait le vin noir, si goûteux, si puissant, dans lequel on pouvait se perdre, et perdre son âme parfois… Il en avait des souvenirs précis, et redoutables, de ces moments où le vin noir lui avait fait faire des folies, qu'il avait ensuite regrettées, mais le mal était fait…

— Seulement, avait soupiré Léonie en égrenant la belle vie que son mari lui avait promise, nous n'avons pas de sous. J'ai beau faire attention, n'acheter de la viande qu'une fois par semaine, il nous faudrait une vie entière pour réussir à mettre de l'argent de côté, suffisamment pour acheter de la terre ! Et Léon ne veut rien demander à maître Gaillard, têtu et orgueilleux comme il l'est !

Alors, le Russe avait eu une idée. C'était un homme de ressources. Ses amis, toujours, se tournaient vers lui quand ils se sentaient coincés.

Une fois encore, il fut fidèle à sa réputation.

— Ma petite Léonie, ne t'inquiète pas pour l'avenir ! Je m'en occupe. Tu peux compter sur moi, et ton mari aussi, je vais vous aider…

À ce moment-là, Mme Gaillard et Nina étaient arrivées, et le Russe n'avait pas fini sa phrase.

C'est pourquoi Léonie frissonnait d'excitation. Le Russe allait les aider !

— Qu'as-tu donc, Léonie ? Regarde ce que tu fais ! Tu as renversé du café sur la nappe, et le café se nettoie mal… tu vas devoir frotter pendant des heures !

Léonie contempla les dégâts, la tache noire qui s'élargissait sur la nappe blanche que Mme Gaillard lui avait offerte en cadeau de noces. Elle se mordit les lèvres, mais comme Catherine commençait à geindre dans son berceau au bout de la pièce, elle en profita pour quitter la table, sous prétexte de la nourrir.

Elle s'installa dans un coin de la fenêtre et, à l'abri des regards, dégrafa son corsage rebondi. Catherine se jeta sur le sein avec gourmandise. Et Léonie lentement s'apaisa et finit même par s'assoupir, calée contre son coussin.

Pendant ce temps, Mme Gaillard et le Russe devisaient doucement, échangeant des propos sur cette Russie qui fascinait la Lotoise. Elle n'avait jamais quitté Cahors, et l'arrivée du Russe, un beau jour, en recherche de clients, lui avait ouvert de nouveaux horizons. Dès son départ, elle s'était précipitée chez le bouquiniste derrière la cathédrale et elle avait eu la chance d'y trouver une carte géographique de l'immense empire des tsars ainsi qu'un beau livre illustré retraçant la vie de la grande Catherine. Elle avait été éblouie, littéralement, en découvrant les palais et les églises orthodoxes si fastueuses ; en comparaison, la cathédrale Saint-Étienne de Cahors lui avait paru fade et morne ! En tout cas, elle ne pouvait rivaliser avec les ors et les dorures des églises russes !

— Je vais aller saluer saint Étienne, déclara soudain le Russe en se levant après s'être essuyé la bouche avec son mouchoir. Aimerais-tu m'accompagner ?

Il fixait Nina.

— Je n'ai pas envie d'y aller seul, expliqua-t-il, et ta présence, petite Ninouchka, me serait agréable.

Mme Gaillard acquiesça. Le Russe reprit :

— Je vous ramènerai l'enfant chez vous. De toute façon, je veux m'entretenir avec votre mari. Nous devons parler affaires. Des choses auxquelles les dames ne comprennent rien !

Il éclata encore de rire. Il adorait les femmes, ces délicieuses créatures qui vous donnent tant de plaisir. Mais sont capables aussi de vous pourrir la vie... comme son épouse qui se transformait en furie, l'accusait de lui être infidèle, de se pavaner avec des femmes de petite vertu... elle n'avait pas tort, d'ailleurs...

Nina se leva et suivit le Russe.

La cathédrale était à deux pas, sur la placette, grosse masse de pierre trapue, imposante et sans grâce.

— J'aime les églises ! Elles célèbrent la flamme éternelle qui brûle dans les êtres vivants !

8

Ils pénétrèrent dans l'édifice.

L'obscurité glaciale de la cathédrale obligea Nina à plisser les yeux. D'un geste instinctif, le Russe la prit par la main pour la guider dans la travée.

Le Russe ne s'arrêta pas pour faire ses dévotions, il se dirigea vers une porte qu'il ouvrit sans marquer d'hésitation.

Ils étaient dehors, ou plus précisément dans le dedans du dehors.

Nina poussa un petit cri de surprise. Un jardin dans une église !

— C'est le cloître. Un endroit de méditation et de promenade, mais les deux vont ensemble.

Il lui parlait comme à une adulte.

Le cloître était désert. Ils firent quelques pas puis soudain le Russe jucha la fillette sur le muret et lui dit :

— Ne t'occupe pas de moi !

Il ouvrit sa sacoche en cuir qui ne le quittait jamais et en extirpa un bloc de dessin.

— Ne bouge plus !

Nina ne comprit pas cet ordre étrange mais elle obéit. Elle se concentra sur le jardin, ses allées de buis taillé, qui exhalaient une odeur pénétrante. Tout était si calme, loin du brouhaha, des claquements de sabots de chevaux sur les pavés, du fracas des charrettes et des cris. Car tout et tous dans la ville contribuaient au bruit, les cordonniers en tapant sur leurs semelles, les tonneliers et les charrons, toutes ces échoppes ouvertes sur les trottoirs.

Nina écoutait le chant des oiseaux tapis dans les buis, invisibles. Elle aimait les oiseaux. Léonie lui avait raconté qu'un engoulevent avait en quelque sorte assisté à sa naissance, peut-être même avait-il guidé sa mère vers la cazelle pour qu'elle puisse y trouver refuge ; cette histoire était clairement exagérée et même montée de toutes pièces, pourtant Nina y croyait. Son ange avait été un oiseau ! Ou alors l'ange avait pris la forme d'un oiseau pour lui porter secours !

Le Russe dessinait, à grands coups de crayon habiles et généreux. On voyait qu'il avait l'habitude de croquer des visages, des silhouettes, des expressions.

Il réalisa plusieurs esquisses.

Dimitri Konchalovsky avait du talent, et pas seulement dans l'art du commerce. Il était doué en dessin, mais aussi en musique et même en poésie. Surtout en poésie ; comme tous les Russes il aimait les vers de Pouchkine qu'il connaissait par cœur et qu'il était capable de déclamer même avec une dizaine de verres de vodka dans le nez. Pouchkine, qu'un aristocrate français avait tué en plein vol, avant même qu'il ait le temps d'exprimer tout son génie. Une sombre histoire.

Le Russe replia son carnet ; il avait fini pour aujourd'hui. Il avait croqué la fillette dans son écrin de verdure et de pierre, il avait accompli son travail d'immortaliser la beauté, et cette petite Nina était si gracieuse, si touchante dans sa simplicité enfantine !

Nina sauta sur les pavés. Elle demanda :

— Je peux voir ?

Elle se mordit aussitôt les lèvres, consciente d'avoir désobéi aux règles établies par sa mère : ne jamais rien demander à un adulte. Rester la plus silencieuse possible ; les adultes n'ont pas de temps à perdre avec les enfants.

Le Russe sourit et rouvrit son carnet. Nina observa soigneusement cette petite fille qu'elle reconnaissait à peine.

— C'est moi ?

Le ton était si grave et si plein d'étonnement que le Russe se mit à rire.

— Qui d'autre ? Il n'y a que toi et moi ici ! Et je ne dessine que ce que je vois ! Ça ne te plaît pas ?

Nina hésitait à dire oui. C'était beau, oui, la petite fille était jolie, mais... elle n'arrivait pas à formuler sa pensée, elle manquait de mots sans doute pour exprimer ce qu'elle ressentait. Alors elle dit simplement :

— Je suis contente.

Et elle l'était, vraiment. Quelqu'un, et pas n'importe qui, avait pris du temps pour se consacrer à la dessiner, elle, Nina, une enfant. C'est-à-dire pas grand-chose. Elle n'avait jamais vu personne dessiner, ou peindre. La musique, oui, pour les fêtes qui clôturaient les vendanges, et au 15 août quand on dansait sur les places, au son de l'accordéon.

Elle éprouvait une admiration sans bornes. Elle leva vers le Russe ses yeux clairs, si limpides que le Russe ne pouvait en détacher les siens. Cette enfant avait un regard si pur !

Avait-il réussi à reproduire cette pureté ou s'était-elle évaporée en cours de chemin, entre sa main et le papier ? Comment savoir ? Cette question soudain le tourmentait.

Nina, machinalement, tourna la page pour se voir encore, mais elle avait disparu de la feuille. À sa place, sur le muret, l'artiste avait croqué un oiseau. Il scrutait les buis comme pour tenter d'y découvrir un secret dans l'obscurité du feuillage. Un bel oiseau sagement posé sur la pierre, et d'elle plus aucune trace ; mais le décor était le même, le dépouillement des pierres du cloître, l'ombre des buis.

Le Russe remarqua l'étonnement de la fillette. Il tenta d'expliquer :

— Oui, je t'ai vue tel un oiseau, qui vient se poser pour prendre un peu de repos puis qui s'envole ! Tourne la page !

Nina obéit et poussa un cri de surprise devant l'image suivante : elle représentait un oiseau en plein envol. Il s'élançait vers le ciel dans un mouvement si gracieux qu'elle en eut les larmes aux yeux.

— Les oiseaux, reprit le Russe, appartiennent au ciel. Ils ont de la chance. Nous, les humains, nous sommes englués dans la terre qui nous retient de toutes ses forces. Et c'est là que nous devons œuvrer. Moi, j'ai trouvé une parade pour m'arracher à la pesanteur, je dessine et j'écris de la poésie, ça me permet de m'envoler, l'espace d'un instant, de me libérer de toutes les entraves.

Nina écoutait passionnément tout en admirant l'oiseau en plein vol, libéré de la terre. Oui, elle comprenait, imparfaitement, mais elle saisissait le sens du discours. Les oiseaux avaient des ailes qui leur permettaient de s'échapper, de s'enfuir ; eux, les humains, étaient condamnés à la terre qu'ils devaient travailler, encore et encore, pour pouvoir manger du pain et boire du vin. Les oiseaux vivaient des fruits de la nature et se servaient de brindilles pour fabriquer leurs nids.

Mais les hommes pouvaient dessiner…

Comme s'il l'entendait penser, le Russe murmura de sa voix profonde :

— C'est l'art qui nous sauve. Je vends du vin qui m'enrichit et me permet de faire vivre ma famille, je négocie et trafique, mais mes plus grands moments de bonheur c'est quand je dessine ou que j'écris, alors je deviens l'égal de Dieu !

Il inspira bruyamment et, pour cacher son émotion, éclata d'un rire strident. Un visage apparut dans une porte, et une ombre en soutane noire avança vers eux.

— Monsieur, je vous prierais d'observer le silence, vous vous trouvez dans un lieu de prière et de contemplation.

Le Russe agita les bras comme pour chasser cet ordre, et sans répondre il saisit la main de Nina et l'entraîna.

Sur le parvis, il dit encore :

— J'aimerais que ces dessins restent entre nous, et que tu n'en parles à personne ! Disons que ce sera un secret entre toi et moi !

Nina hocha la tête en signe d'acquiescement. Les secrets, elle aimait bien. Elle en avait aussi, avec Gustave ; quand il venait jouer chez elle, sans le dire à ses parents. Ils se glissaient dans le jardin et ils se cachaient derrière le massif d'hortensias que Mme Gaillard avait fait planter. C'était leur cachette. Mme Gaillard ne pouvait les voir depuis les fenêtres de la maison. Quand elle sortait, Gustave se faufilait à l'arrière, entre les premiers ceps, sans se faire remarquer.

Léonie était furieuse. Le Russe ne lui avait pas même dit adieu ! Il était parti comme un voleur ! Ne lui avait-il pas promis qu'il s'occuperait des affaires de Léon ? Évidemment, ce n'étaient que des paroles en l'air que le vent emporte !

Ce matin d'avril, après avoir emmailloté la petite Catherine et l'avoir reposée dans son berceau, elle avisa le journal que Léon avait laissé sur la table. Il datait de la veille ; comme d'habitude, Léon l'avait ramené de chez les Gaillard. Ainsi Léon se tenait-il informé de la marche du monde et spécialement de celle du Quercy, qui l'intéressait davantage que les grandes initiatives prises à Paris qui n'avaient jamais d'effet en province. À ceci près que, il devait le reconnaître, Napoléon troisième du nom, le neveu de l'illustre empereur vainqueur d'Austerlitz, daignait porter son regard bienveillant sur le Lot. Il comblait la région de bienfaits depuis quelques années, au vu des routes nouvellement construites. Depuis ces travaux, les voitures ne s'embourbaient plus et les chevaux ne rentraient plus crottés jusqu'au poitrail.

Pour se calmer, Léonie se mit à lire, laborieusement, car Mme Gaillard avait quelque peu précipité son instruction, et la jeune fille avait prêté une oreille distraite aux leçons de sa maîtresse. Elle déchiffrait donc avec difficulté les gros titres. Elle avait vaguement compris qu'une guerre avait eu lieu, dans la lointaine Crimée, et voici que le journal semblait dire qu'elle était finie et que l'empereur, à Paris, y mettait un terme définitif.

Elle jeta le journal sur la table et s'approcha de la fenêtre. Il faisait un temps doux et tendre, propice à une petite sortie. Léonie, si elle aimait son modeste logis niché au cœur de la ville, s'y sentait prisonnière depuis la naissance de la petite Catherine. Elle aurait préféré retourner auprès de Mme Gaillard et tenir sa belle maison, bavarder avec elle. Au fil des ans elle ne la considérait non plus comme une maîtresse mais comme une amie.

Maintenant elle se retrouvait seule pendant de longues journées, à attendre le retour de son mari qui rentrait trop fatigué pour s'intéresser à elle. La naissance de Catherine ne l'avait pas enchanté, il aurait préféré un garçon. Elle s'était sentie coupable de ne lui avoir donné qu'une fille. Elle avait pris une décision irrévocable, on ne l'y reprendrait plus. Jamais plus elle ne verrait son ventre se tendre et se déformer, ni son bassin s'ouvrir, ni son corps entier se disloquer sous l'effet de la délivrance. Elle avait cru mourir en mettant Catherine au monde, mais comment expliquer cela à un homme ? L'accouchement était un acte si naturel ! Toutes les femmes devaient le subir, avec joie, pour la plus grande gloire de leur mari !

Ainsi avait-elle décidé que sa famille se limiterait à Catherine. Elle prétendrait être devenue sèche. Personne ne soupçonnerait qu'elle allait voir la sorcière dans le village voisin... Elle n'était pas la seule à la consulter, mais jamais elle n'avait croisé personne. La sorcière lui avait vendu des herbes dans un petit sachet en lin retenu par une cordelette. Elle devrait commencer à prendre les tisanes dès son retour de couches. C'étaient des herbes puissantes, lui avait dit la bonne femme, qu'il ne convenait pas d'utiliser n'importe comment, juste une pincée dans l'eau bouillante qu'il fallait laisser infuser. Elle boirait le breuvage tiède et se laverait soigneusement avant de rejoindre son mari sur la couche conjugale. Elle lui avait confié aussi une sorte de poire en vessie de porc qu'elle devait remplir de liquide et s'injecter dans le vagin après chaque acte conjugal.

— Tant que tu nourris ton enfant, tu es hors de danger, lui avait dit la sorcière, alors nourris-la aussi longtemps que possible, ensuite tu feras comme je te dis.

Léonie avait caché les herbes et la poire sous ses vêtements, dans la commode.

Comme il faisait déjà chaud en ce début de printemps, elle se contenta de poser un châle par-dessus son corsage et, laissant Catherine reposer dans son berceau, elle poussa la porte et se retrouva dans la ruelle. Elle inspira profondément, comme libérée. Puis elle se glissa entre les façades tel un chat en goguette. Autour de la fontaine, les femmes et les jeunes filles venaient puiser leur eau, en gloussant, mais Léonie ne s'approcha pas d'elles.

Elle ne pénétra pas non plus dans la boulangerie ni chez son voisin le boucher.

Elle contourna la cathédrale puis remonta la ruelle des Pénitents. Tout au bout, se tenait l'*Auberge du Quercy*. L'enseigne se balançait en émettant un couinement.

C'est là que le Russe était descendu. L'*Auberge du Quercy* recevait les voyageurs de commerce et parfois des gens qui arpentaient le pays pour leur plaisir, une activité inconcevable pour les autochtones. Des riches qui n'avaient rien d'autre à faire que perdre leur temps et gaspiller leur argent !

L'auberge était de belle taille et l'on y accédait par un portail imposant. Une écurie spacieuse accueillait les chevaux ; la cour était assez grande pour une demi-douzaine de voitures. Elle était vide en cette heure de la matinée ; les voyageurs étaient déjà en route, et les nouveaux n'arriveraient qu'à la tombée de la nuit.

— Quelle surprise !

La patronne ne cacha pas son étonnement. Léonie ! Elle la croisait de temps à autre à la boulangerie ou à la mercerie, elles se disaient bonjour, puisque la tenancière de l'*Auberge du Quercy* était une cousine de Mme Gaillard, et qu'à ce titre elles s'étaient déjà rencontrées, notamment lors du baptême de Nina.

— Que veux-tu, Léonie ? Une chambre ? Ton mari en aurait-il assez de toi ?

Elle pouffa. Eulalie, qu'on appelait Lalette, trouvait l'idée assez drôle. Cela n'aurait pas été la première fois qu'un mari mettait sa femme à la porte ! Quand il ne l'étranglait pas, sous le coup de la passion, pour l'avoir surprise dans le lit avec le valet ou le voisin…

Comme Léonie ne répondait pas, trop abasourdie pour trouver des mots, elle reprit :

— T'en fais pas ! Avec ton joli minois et la belle paire de fesses que tu trimballes, tu pourras toujours gagner ta vie, à la sueur de ton cul !

Les femmes n'étaient pas tendres entre elles, même si, dans les coups durs, elles se montraient solidaires. Les enfants aussi se battaient allègrement dans les cours et les rues. Il n'était pas rare que l'un d'entre eux rentre chez lui le doigt cassé ou le visage tuméfié. Ce petit monde était capable de s'entre-déchirer, de se jalouser, de se nuire. Et de se réjouir du malheur du voisin.

— Ne te réjouis pas trop vite, lança Léonie en jetant à Eulalie un regard de colère. Je suis juste venue chercher M. Dimitri Konchalovsky. Mon mari a besoin de s'entretenir avec lui.

L'aubergiste sourit ; elle aimait bien le Russe. C'était un homme élégant, un vrai monsieur, si différent des gens du cru. Et il avait laissé un beau pourboire pour le personnel. Évidemment, elle l'avait empoché, puisque Lisette, une souillon chargée des chambres, n'en avait pas l'usage.

— Il nous a quittés à l'aube. Mais il a promis de revenir très vite, il apprécie notre pays, et il a bien raison. Qu'y a-t-il de plus beau que notre Cahors ? D'ailleurs, il a oublié une écharpe que je garde précieusement. Elle porte son odeur…

Aurait-elle couché avec lui ? se demanda brusquement Léonie.

Une colère puissante s'empara d'elle. Elle saisit un vase posé sur le guéridon et, d'un coup sec, le jeta à terre. Il s'écrasa en des milliers de morceaux.

Eulalie fixait les débris avec stupéfaction. Mais déjà Léonie avait tourné le dos et se faufilait, légère comme une ombre, dans le dédale des ruelles.

9

Le Russe ne se doutait pas que Léonie était partie à sa recherche, ni qu'elle avait brisé un vase par colère ou dépit, ni qu'ensuite elle avait couru jusqu'à la malle-poste, dans l'espoir que la voiture avait été retardée, et qu'elle le trouverait.

Dimitri Konchalovsky jetait un regard amoureux sur le paysage. Il s'était assis à côté du postillon de la malle-poste après avoir – non sans difficulté – obtenu de poser sa propre malle à côté des liasses de courrier.

— Votre malle est trop lourde, lui avait dit le postillon qui attelait ses chevaux, au nombre de quatre, elle va ralentir mes bêtes qui ont déjà fort à faire pour traîner un tel équipage !

Il avait désigné les voyageurs, trois hommes et une femme.

— S'ils étaient un peu moins gras, j'aurais pu vous emmener, monsieur, mais là…

Le Russe avait fait semblant de ne pas comprendre et le postillon, lassé, et calmé par les pièces qui atterrirent dans sa main, s'était tu.

Et maintenant, les chevaux allaient à leur train, c'est-à-dire lentement dans les montées et plus vite dans les descentes. Un rythme que le Russe jugeait insupportablement lent. Vivement la généralisation des wagons tirés par les chevaux à vapeur, cette merveille de l'ère industrielle et qui ne dépendait plus de la bonne volonté ou de la puissance des chevaux ! Un miracle que cette technique, mais malheureusement Cahors et bien d'autres régions n'avaient pas encore été reliées par les rails jusqu'aux grandes villes ; elle n'avait pas même de gare, la pauvrette, en dépit de sa prospérité grandissante.

Le Russe se souvenait de sa première visite, vingt ans auparavant, quand il était arrivé, non sans mal, jusqu'à la cité qui possédait ce joyau inestimable qu'était le pont Valentré et cette autre merveille qu'était la cathédrale Saint-Étienne. Il avait découvert un vignoble plongé dans les ténèbres, c'est-à-dire à peine naissant, sorti des limbes. Mais ces temps avaient changé, grâce à quelques fermiers comme maître Gaillard qui avaient compris l'importance de la vigne, et avaient défriché les terres arides si propices à la viticulture. La maladie de l'oïdium sévissant dans les terres du Sud, principalement dans le Languedoc, grand fournisseur de vin, avait contribué à l'essor du vin de Cahors, et les prix s'étaient mis à grimper.

— Vous ne pouvez pas passer au galop ?

Le postillon lui jeta un regard où se lisait un étonnement mêlé d'effroi :

— Vous voulez que je les tue, mes bêtes ? Moi, je dois les restituer en bon état, sinon ma réputation en pâtira ! Et je tiens à ma réputation. Je ne veux pas être pris pour un bourreau.

Puis, soudain, il se rendit compte que le Russe parlait un français irréprochable et lança avec colère :

— Vous m'avez bien eu ! Monsieur comprend notre langue, mais joue à dissimuler ! Décidément, j'aurais dû vous laisser attendre la diligence de demain, ça vous aurait appris à vous moquer des gens.

Des plus pauvres que vous, eut-il envie d'ajouter, lorgnant les habits de drap fin bien coupé, la belle chemise en lin blanchi, la redingote impeccable et les bottes luisantes, en cuir de qualité, fabriquées sans doute par un bottier londonien ; ces Russes étaient si riches ! Et la malle devait contenir des trésors en vêtements, cigares et autres objets de luxe.

Pour beaucoup de Français, la Russie était synonyme d'or et de pierreries, de coupoles dorées et de palais somptueux où un tsar tout-puissant vivait dans un luxe que l'empereur Napoléon lui-même ne pouvait s'offrir. Les Tuileries, en comparaison, étaient un taudis ! Mais il est vrai que le postillon n'était jamais allé ni à Paris ni en Russie !

— Avec la diligence vous n'auriez pas roulé à cette allure, crut bon de préciser le postillon en bombant le torse.

Le Russe replongea dans ses rêveries. Que faire d'autre que rêver en admirant le paysage ? La malle-poste suivait le cours du Lot, ses méandres, et sur l'eau glissaient des gabarres, en route vers Bordeaux. Il aurait pu demander à l'un de ces gabarriers de l'emmener, mais le Russe n'était pas téméraire, et il avait peur de l'eau, aussi bien du Lot que de la Garonne ; ces eaux qu'on croyait si paisibles pouvaient s'emballer, comme si un monstre s'agitait dans les profondeurs, et vous renverser en un éclair. Et il ne savait pas nager ! Il n'avait jamais réussi à apprendre en dépit des leçons de son père qui se baignait en plein hiver, après avoir creusé un trou dans la glace.

Cette image le fit frémir. Son père… Il était décédé, mais le fils avait conservé intacts dans sa mémoire son visage dur, ses gestes péremptoires, ses ordres brefs, et le ton de sa voix, si sec. C'était sans doute pour lui échapper que lui, le fils cadet, avait tracé son propre chemin en parcourant le monde dès l'âge de seize ans. Il avait travaillé durement pour gagner sa vie, à n'importe quel prix, souvent pour un bout de pain. Mais de fil en aiguille il avait appris en observant les hommes comment il fallait traiter avec eux. Il était devenu marchand presque naturellement, d'abord en troquant un objet contre un autre, puis en achetant, à crédit, grâce au prêt consenti par un usurier juif, un cheval et une carriole. Il transportait les marchandises de village en bourg, à la manière d'un colporteur, mais plus rapidement et avec davantage d'objets qu'un colporteur ne pouvait en transporter. Il était sans tarder passé à l'alcool, comprenant que les hommes aimaient danser et chanter, faire la fête, et que dans ces occasions la vodka et le vin devaient couler à flots. Ainsi oublie-t-on les misères de l'existence, se disait-il quand il était invité à quelque noce de village où l'on trinquait à n'en plus finir, ou plutôt si, en finissant ivre mort, la tête sur la table au mieux, ou vomissant ses tripes dans un coin de l'étable.

Le Russe laissait ses pensées vagabonder. Il aurait bien aimé prendre son carnet de croquis qui se trouvait dans la sacoche à ses pieds, mais les soubresauts du véhicule le propulsaient en avant et sur les côtés, à la manière d'une marionnette devenue folle.

On arriva en fin de journée, après avoir fait une pause d'une bonne heure, en pleine campagne, où les chevaux avaient pu s'abreuver, en attendant le foin qu'ils trouveraient le soir au relais de poste.

C'était un bourg paisible, où la vigne avait remplacé les champs, tapissant les collines alentour comme une forêt de ceps à perte de vue. Ce spectacle ravissait le Russe. Il aimait le vin de Cahors, non seulement parce qu'il le vendait, en bon courtier, et qu'à ce titre il l'enrichissait, mais surtout parce qu'il le trouvait puissant et qu'on ne pouvait le comparer à aucun autre vin. Et Dieu sait qu'il en avait goûté, des vins, d'un peu partout où l'avaient mené ses pérégrinations : l'Italie et ses coteaux verdoyants, le sud de la France où les ceps tombaient littéralement dans la grande mer Méditerranée, mais aussi l'Espagne, si austère, et plus haut le Val-de-Loire, ce pays si doux où la vie se faisait si tendre, le pays des châteaux et de la bonne humeur, et même l'Allemagne, le long du Rhin et l'Alsace, en face. Mais le vin noir était inimitable, même si on devait le bourrer de sucre pour qu'il supporte le long voyage jusqu'en Russie, jusque dans les églises et sur la table du tsar et des princes. Les Russes l'appréciaient aussi pour sa teneur en alcool, car les Russes savent boire et ne lésinent ni sur la quantité si sur la qualité.

— Monsieur est arrivé à destination, déclara le postillon, plutôt content de se débarrasser de ce voyageur peu bavard.

Il confia sa malle à l'aubergiste qui se hâta d'aller la chercher, enchanté de voir un étranger à l'air fortuné pénétrer dans son humble établissement.

Il ne prit pas même la peine de se changer. Les affaires n'attendaient pas et il avait, dans ce bourg, deux vignerons à rencontrer, dont les noms lui avaient été donnés par maître Gaillard, la veille. Après deux verres, le vigneron était devenu loquace et ne s'était pas fait prier pour fournir les précieux renseignements.

Il avait plu et les ruelles étaient embourbées. Le Russe pesta. Il allait crotter le bas de son pantalon, mais il se souvint qu'il en avait d'autres en rechange, dans sa malle, et que les bottes seraient nettoyées et cirées par la servante de l'auberge. Des gamins le frôlèrent et il s'écarta, pour les suivre des yeux. Il aimait les enfants. Sa fille lui manquait, sa petite Tatiouchka qu'il n'avait pas revue depuis trois mois qu'il était par monts et par vaux.

Car il avait une fille...

L'absence se fit si pressante qu'il n'y tint plus, et, adossé à une façade, en plein milieu du bourg, sans se soucier des regards, il ouvrit sa sacoche et en extirpa le carnet de croquis.

Tatiana était là, croquée par son père à grands traits, si belle et si vivante qu'il en eut le souffle coupé; il sentit un sanglot monter dans sa gorge.

Il reprit son souffle, claqua le carnet et voulut le remettre dans sa sacoche, mais soudain, une idée le traversa, et il le rouvrit, fit défiler les dessins, Tatiana, Nina...

Il crut défaillir, mais il se ressaisit aussitôt. Il devait être bien fatigué pour avoir des idées pareilles...

Il était temps sans doute pour lui de rentrer à Bordeaux, de serrer Tatiouchka sur son cœur, de prendre sa petite main dans la sienne et de l'emmener en promenade.

Maître Gaillard parcourait ses vignes. Il pensait, ou plus exactement, ruminait la visite de la veille. Le Russe avait été affable et ils avaient trinqué pour sceller leur contrat. Le Russe s'engageait à lui acheter sa production pour les cinq années à venir. Les termes du contrat étaient limpides, mais maître Gaillard ne pouvait s'empêcher de se sentir floué.

C'était un sentiment étrange, car l'affaire était bonne. Ce contrat le débarrassait de tout souci, le Russe se chargeant du transport. Il y avait de fortes chances que le vin arrive à bon port, sans avarie. Il descendrait le Lot, puis la Garonne, rejoindrait le port de Bordeaux où il embarquerait en direction de la Baltique. Puis des charrettes l'achemineraient avec d'autres denrées précieuses, vers Moscou et Saint-Pétersbourg.

Ce n'était pas tant ce voyage qui tourmentait maître Gaillard que l'attitude du Russe au cours de la soirée passée.

Il n'était pas dans son assiette... pourtant, la maîtresse de maison, aidée par la nouvelle bonne, avait mis les petits plats dans les grands, sorti sa plus belle vaisselle et confectionné une quiche savoureuse, assortie d'une salade aux noix et aux lardons. Mais le Russe avait avalé nourriture et vin sans faire de commentaires, plongé dans ses pensées. D'ailleurs, après son départ, sa femme s'était plainte de ce comportement.

« Ton Russe s'est conduit comme un ours, je suis déçue... »

Déçue, Mathilde l'était vraiment. Le Russe avait oublié de lui rapporter un souvenir de sa patrie, alors que la fois précédente il lui avait offert des poupées matriochkas magnifiques, qu'elle gardait dans le creux de son armoire de peur que la lumière n'abîme leurs couleurs si chatoyantes.

« Je parie qu'il n'a pas oublié Léonie, avait-elle lancé sur un ton de dépit. Je me débrouillerai pour savoir ce qu'elle a reçu... »

Maître Gaillard sursauta en entendant une voix déclarer :

— On m'a dit que je vous trouverais ici... C'est votre bonne qui m'envoie... Elle me fait dire que la matrone, la mère Boule, est chez vous, et que donc...

L'homme se dandinait devant maître Gaillard, visiblement mal à l'aise. Il se serait bien passé de ce rôle de messager, mais la petite bonne des Gaillard l'avait hélé depuis la porte de la maison et il n'avait pu se dérober à cette mission.

— Merci, mon brave Jacquot, de m'avoir averti.

Jacquot était le valet de ferme des Rosenbud, cette famille hollandaise qui, on ne savait trop pour quelle raison, était venue s'installer dans le Lot une dizaine d'années auparavant. Une famille fortunée, car elle avait acheté la plus belle propriété des environs, un domaine peuplé de noyers où l'on cultivait le tabac. Ils n'avaient jamais planté de vigne, au grand étonnement de tous. Des gens étranges que l'on ne connaissait pas ; seuls le médecin et le notaire se rendaient chez eux au jour de l'An.

Maître Gaillard se hâta vers sa maison. L'enfant s'annonçait en avance : la matrone n'avait-elle pas parlé d'une naissance au mois de mai ? Soit elle s'était trompée, soit le bébé serait si petit et si fragile qu'il pourrait ne pas survivre à l'accouchement...

Un de plus, marmonna maître Gaillard dans sa barbe. *Et cette fois ce sera le dernier.*

Il la portait épaisse, cette barbe, et n'allait chez le barbier qu'une fois par mois. Mais il la brossait soigneusement matin et soir, très fier de sa vigueur.

En arrivant chez lui, il trouva la petite Nina assise sur le pas de la porte. Elle berçait sa poupée en chantonnant une berceuse. Maître Gaillard sentit un mauvais pressentiment l'envahir. Si la matrone s'était débarrassée de la fillette, c'est que l'accouchement se passait mal. Peut-être même arrivait-il trop tard…

— Heureusement Jacquot vous a trouvé ! Madame est en haut. Tout se passe normalement, se hâta de déclarer la bonne devant la mine angoissée de maître Gaillard. Ce n'est pas pour l'heure, d'après la mère Boule…

Maître Gaillard hésitait. Devait-il monter pour assister sa femme ? Il savait que la matrone ne tolérait pas la présence des hommes, qu'elle jugeait superflus. Voire encombrants ; certains s'évanouissaient à la vue d'une goutte de sang, d'autres donnaient des conseils ou se mettaient en colère quand le travail n'avançait pas et qu'ils perdaient patience.

— Allez-y, maître Gaillard ! Votre dame a besoin de vous. Je le sais parce que je suis une femme et que le jour où je donne naissance à un petiot je préfère que mon homme soit à mon chevet, plutôt qu'à faire les cent pas en attendant que ce soit fini !

Maître Gaillard gravit les marches, en espérant qu'effectivement ce serait fini quand il pousserait la porte de la chambre à coucher et que la matrone lui présenterait son héritier déjà enveloppé dans ses langes. Car il appréhendait ce long et mystérieux travail qui s'opérait dans l'intimité des femmes.

— Voilà le futur père ! Vous devrez patienter, nous n'en sommes pas encore au bout !

Maître Gaillard s'approcha du lit où sa femme gisait sous le drap, suante et échevelée. Il faillit détourner les yeux. Quelle épreuve! Et dans cette épreuve il pensait à lui, au sort qui serait le sien si sa femme venait à décéder. Surtout que Mathilde n'était plus de première jeunesse avec ses trente ans largement révolus! Un enfant de vieux, voilà ce que serait son fils, si fils il y avait.

— Ma pauvre amie, je suis venu aussi vite que j'ai pu...

Mais, ne sachant qu'ajouter, il improvisa:

— Nina est en train de prier pour vous et l'enfant...

L'angoisse le tenaillait, la tête lui tournait. Il aurait tout donné pour échapper à cette chambre, s'éloigner de cette femme échevelée, de ses cris qui le remplissaient de terreur.

— Vous feriez mieux de descendre, maître Gaillard, ordonna la matrone.

Il ne se fit pas prier, posa un baiser rapide sur les cheveux trempés de sueur et s'enfuit.

— Écoutez, maître Gaillard!

Gisèle désignait le plafond d'où descendait un cri impérieux.

Il se leva, repoussa la chaise et monta l'escalier en quatre enjambées.

— C'est un garçon, maître Gaillard, annonça la matrone qui portait l'enfant dans un drap, un beau garçon.

— Mon fils, murmura le père.

Au même moment, Nina tenta de se glisser entre son père et le chambranle de la porte, mais d'une main ferme maître Gaillard la repoussa:

— Tu n'as rien à faire dans cette chambre ! Descends jouer !

Nina recula. Elle ne reconnaissait pas la voix de son père, dure et sèche comme une pierre.

Elle descendit les marches, reprit sa poupée et, la serrant contre sa poitrine, se mit à pleurer.

10

Nina pleurait. Les larmes tombaient sur la robe bleue de la poupée de porcelaine, une petite merveille qu'elle avait reçue au dernier Noël, en plus de l'orange traditionnelle. Elle l'avait baptisée Lise, un prénom aussi court que le sien. Nina et Lise. Mme Gaillard elle-même l'appelait ainsi.

— Fais attention à Lise, lui disait-elle, elle est précieuse, elle a coûté beaucoup d'argent, et l'argent ne tombe pas des arbres ni même des ceps!

Nina prenait soin de sa merveille, hésitant à dormir avec elle de peur de la briser, de la faire tomber et de la retrouver en mille morceaux au petit matin. La colère de sa mère serait terrible! Non seulement elle serait malheureuse d'avoir tué Lise mais de plus elle serait punie sévèrement!

Nina égrena les nombreuses fois où on l'avait envoyée se coucher avec juste un verre d'eau et du pain sec. Parfois, Gisèle lui apportait en catimini un verre de lait, un morceau de brioche. Mme Gaillard faisait semblant de ne pas s'en apercevoir, ou alors elle ne s'en apercevait même pas. Depuis qu'elle attendait l'enfant, elle était plongée dans des rêveries sans fin…

C'est parce que je n'étais pas gentille. Les enfants pas gentils on les punit.

Ses larmes redoublèrent d'intensité ; son petit corps en était tout secoué. Elle s'était assise sur le perron, en plein air. Le vent s'était levé, annonçant la pluie, et elle tremblait sous le mince tissu de lin qui la recouvrait.

Les premières gouttes tombèrent.

Elle ne les remarqua même pas, absorbée qu'elle était dans son chagrin. Elle n'avait pas le droit d'aller dire bonjour au bébé ; son père ne l'avait pas prise par la main pour la conduire près du berceau. Elle n'avait pas pu se pencher sur lui pour voir s'il ressemblait à la petite Catherine.

Nina tremblait, de faim, de froid, de désespoir. Elle était seule. Personne ne viendrait la consoler ; ils étaient avec le bébé, en train de l'admirer.

Elle se souvint brusquement des propos que tenait Léonie : « Tu es née dans la cazelle. Moi, j'étais allée cueillir des pêches et j'ai entendu tes cris, je suis venue te chercher… »

Elle était née dehors. Et le bébé d'aujourd'hui était né dedans.

Dehors, comme un animal sauvage.

Et le bébé, lui avait vu le jour dans une chambre, à l'intérieur d'une belle maison. Tout était prêt pour l'accueillir. Ses parents l'avaient attendu, espéré, pendant de longs mois.

Et elle, sa mère l'avait abandonnée sur le sol d'une cazelle, enveloppée dans une couverture.

Léonie courait ; elle atteignit le pont et ralentit pour reprendre son souffle.

Léonie avait appris par la rumeur que la matrone avait été appelée au chevet de Mme Gaillard.

Elle se remit en route, courant si vite que ses jupons se soulevaient dans le vent et que le fichu enserrant ses cheveux en était relâché. Elle s'écarta pour laisser passer la malle-poste et une carriole chargée de bois. Une femme tenta de l'arrêter, mais Léonie fit signe qu'elle était pressée. Elle ne jeta pas même un regard aux pèlerins qui se dirigeaient vers Saint-Jacques-de-Compostelle.

Jamais elle n'avait parcouru la distance qui séparait sa maison de celle des Gaillard en si peu de temps.

Elle remarqua tout de suite la silhouette recroquevillée, secouée de sanglots.

Elle s'agenouilla devant Nina et tenta de relever la tête enfouie entre les bras. Mais l'enfant résista en émettant un grognement de protestation. Elle ne voulait pas être aidée. C'était trop tard, elle voulait mourir.

Nina connaissait la mort ; elle avait vu une cousine de Mme Gaillard sur son lit, prête à partir pour le cimetière. Un cercueil attendait près d'elle.

Tout le monde mourait, et maintenant c'était son tour de rejoindre ces enfants à qui on offrait des angelots de pierre, au cimetière. Ils avaient de la chance, on pensait à eux, on les pleurait.

— Que se passe-t-il, ma ninouchette ?

Les sanglots redoublèrent.

— Ta maman ne va pas bien ?

Alors, Nina détacha ses bras et son visage apparut, ravagé par le chagrin.

— Le bébé est venu et j'ai pas le droit de lui dire bonjour.

Au même moment, la porte d'entrée s'ouvrit et le corps massif de maître Gaillard apparut dans l'embrasure.

— Que faites-vous sous la pluie? Entrez donc!

Il se tourna vers Léonie et d'un ton où éclatait la fierté, déclara:

— J'ai un fils. La mère et l'enfant se portent bien. La matrone s'en occupe; en attendant que tu montes les saluer, ma petite Léonie, nous allons trinquer à leur santé tous les deux. Un bon verre de vin nous fera du bien, après toutes ces émotions.

Léonie le suivit dans la cuisine où elle avait officié pendant des années; elle était impeccablement tenue, elle devait le reconnaître, Gisèle était propre et travailleuse.

Ils burent. Nina se tenait debout, à côté de Léonie, attendant un mot, un geste, qui ne vinrent pas; son père avalait le vin en faisant claquer sa langue, et Léonie trempait ses lèvres dans le breuvage noir et buvait à petites gorgées pour accompagner le maître.

— Il est magnifique, déclara maître Gaillard en se rengorgeant. Un bon gros bébé, au moins six livres, selon la matrone. Et bien membré. Tout ce qu'il faut pour devenir un solide Gaillard!

Il en riait, de son jeu de mots. Un fils c'était autrement mieux qu'une pisseuse destinée à partir, se marier, créer une famille. Son fils resterait, la maison était la sienne.

— J'ai encore du travail, moi, poursuivit-il en posant son verre sur la table. Je vous laisse entre femmes.

Il sortit sans même adresser un regard à la petite Nina.

Léonie s'écria :

— Viens, ma Ninette, on va monter dire bonjour au nouveau venu !

Elle s'empara de la main de la fillette, remarqua qu'elle était glacée, et reprit :

— Je vais te changer, ce n'est pas le moment de prendre froid. Et puis il faut te faire belle pour aller accueillir ton petit frère !

Elle remarqua brusquement que maître Gaillard avait oublié de le nommer. Il n'avait que « mon fils » à la bouche.

Une fois la petite fille séchée, habillée de frais et coiffée, elles se dirigèrent vers la chambre des parents.

La pièce était plongée dans l'obscurité, mais Léonie avait pris soin d'emporter un chandelier qui éclaira le lit. Mme Gaillard y dormait paisiblement.

— Chut, fit Léonie en posant un doigt sur ses lèvres.

Elle amena la bougie au-dessus du berceau, qui était suffisamment bas pour que Nina puisse voir son contenu. Ce berceau avait été fabriqué, en beau bois clair, par un menuisier de Cahors à l'intention de l'héritier Gaillard, et attendait de servir depuis plus d'une décennie.

Sur le drap de lin reposait un bébé emmailloté, immobile, serré dans ses langes.

Nina le contempla longuement, sans dire un mot.

Elle aimait tout de lui, son visage chiffonné, encore rouge, ses yeux fermés, ses mains plissées, les rares cheveux qui s'échappaient du bonnet de dentelle.

— Un vrai petit prince, murmura Léonie.

Mais pour Nina il était davantage qu'un prince, bien plus passionnant que Lise, la poupée : il était vivant. D'ailleurs il ouvrit des yeux timides et observa son admiratrice.

Et ses yeux se mirent à pétiller ; un éclair heureux les traversa.

Il me voit ; il me sourit ; il me reconnaît ; il m'aime.

Ce moment intense se brisa quand une voix retentit :

— Je veux mon fils !

La mère s'était réveillée et réclamait son enfant. Au même instant le nourrisson se mit à geindre comme s'il avait reconnu la voix de sa mère. Le besoin de son sein ? Un instinct venu du fond des âges qui rapprochait en une étreinte fusionnelle la mère et le nouveau-né ?

Léonie souleva le petit paquet vagissant et le tendit à la mère. Mme Gaillard avait déjà déboutonné sa chemise de nuit et approcha la tête du bébé de sa poitrine.

Le nouveau-né chercha, erra, puis sa bouche se referma sur la pointe du sein et un petit gloussement de satisfaction monta dans la chambre.

Nina contemplait cette image bienheureuse. Elle voulut se rapprocher, se hisser sur le lit, pour en faire partie.

— Que fais-tu ? Descends de là !

Nina obéit. Elle resta devant le lit, les larmes aux yeux. Elle n'avait pas le droit de faire partie de la scène si belle et si tendre.

Elle en était exclue.

Comme si elle ne voulait laisser aucun doute à la fillette, Mme Gaillard reprit :

— Le bébé est de mon sang ; toi, Nina, tu n'es pas de mon sang et tu ne le seras jamais. On ne peut rien y faire, ni toi ni moi, c'est comme ça.

Elle avait énoncé ces mots d'un ton docte et fataliste, sans méchanceté. Un constat dur et froid.

Léonie, épouvantée, ne disait rien ; elle se soumettait à ce diktat venu du fond des âges, qui rassemblait les membres d'une même famille. C'étaient les liens du sang qui primaient, depuis la nuit des temps.

Nina ne comprenait rien à cette histoire de sang. Mais elle imagina un muret infranchissable. Jamais Mme Gaillard ne pourrait l'aimer, vraiment, comme elle aimait ce bébé.

— Ce n'est pas ton frère, Nina.

La voix restait solennelle. Aucune émotion ne la faisait trembler. Mme Gaillard ne regardait même pas Nina.

— Comment allez-vous l'appeler, ce petiot ?

Léonie était bouleversée. Si Mme Gaillard avait aimé jouer à la poupée avec Nina jusqu'à ce jour, c'était par défaut d'avoir son propre enfant à câliner. Pour combler un manque cruel. Nina avait été un joli objet, mais que fait-on des objets qui ne servent plus à rien ?

On les jette. Ou, au mieux, on les range dans un coin, à l'abri des regards.

— Nous avons choisi Adrien : Adrien Gaillard.

Nina et Adrien, ça sonnait bien.

Évidemment, la fillette garda cette idée bien dissimulée dans un coin de son cœur.

Elle avait appris que le silence est d'or.

Au cours de ce premier été, Nina et Adrien ne se quittèrent pas ; pendant que Mme Gaillard se reposait des fatigues de l'accouchement et de l'allaitement, Nina restait près du panier capitonné où Adrien dormait. De temps en temps, il soulevait une paupière et il la voyait, assise à côté de lui, sur l'herbe ou sur le plancher de la salle. Il refermait les yeux, rassuré.

Que se passait-il dans sa petite âme ? Se remplissait-elle de l'amour que Nina lui envoyait ? En tout cas, c'était un bébé calme et heureux.

L'été semblait chargé de promesses et d'espoir. Les parents s'émerveillaient d'avoir pu concevoir un fils et remerciaient le ciel d'avoir, enfin, entendu leurs prières.

Nina, elle, parlait à l'enfant, inlassablement.

On appréciait la présence de Nina. Grâce à elle, sa mère pouvait se reposer ; aucune mouche, nul moustique, et encore moins de guêpe ne viendrait embêter le bébé.

Je veille sur toi, Adrien. Avec moi il ne t'arrivera rien. Je le promets.

Et elle promettait.

On invita la famille au baptême, un dimanche d'août. Comme la mère n'avait ni frère ni sœur, seulement des cousins, l'assistance se composerait de Paul Gaillard, le marinier, de son épouse Angèle que l'on surnommait la belle Angèle, et de leurs trois fils.

Maître Gaillard décida de convier au repas de fête Léonie et Léon, qui étaient plus proches de lui que son propre frère. Ils compléteraient la tablée. Ils méritaient bien d'assister à ce triomphe. Léonie n'avait-elle pas fidèlement servi

Mme Gaillard pendant des années, assistant à ses fausses couches, et priant pour elle ?

Pour l'occasion, on avait planté une tente improvisée avec des draps, qui abritait la table chargée de plats, plus succulents les uns que les autres, et concoctés par deux très bonnes cuisinières de Cahors que les bourgeois s'arrachaient. Elles allaient de maison en maison pour les grandes occasions, et le baptême du fils Gaillard en faisait partie.

Les convives déjeuneraient sur une autre table dressée sous le noyer. Son ombre les protégerait de la chaleur, tout en leur permettant de profiter du grand air. Ainsi l'avait décidé Mme Gaillard ; elle avait entendu dire que bourgeois et aristocrates organisaient de telles *garden parties* et que c'était du dernier chic de déjeuner sur l'herbe. Maître Gaillard avait d'abord levé un sourcil inquiet devant cette lubie, puis il s'était incliné. Finalement, l'idée était amusante.

Le parrain arriva dans la matinée, une heure avant le départ pour l'église, dans une carriole menée par un robuste cheval.

Paul Gaillard partageait avec son frère le goût du travail bien fait et le souci de la prospérité de sa famille. Sans doute la volonté de sortir de leur condition initiale leur était venue en mangeant de la vache maigre à la ferme familiale. De voir leurs parents s'échiner à cultiver quelques mauvais arpents d'orge et de pommes de terre, les avait poussés à l'ambition. L'aîné avait choisi les vignes et le second la rivière.

Paul se pencha sur le berceau et s'extasia :

— Voilà un solide petit gars ! Un authentique Gaillard !

Le visage de son frère s'illumina de plaisir.

Adrien fixait son oncle avec circonspection. Il ne l'avait jamais vu. Cette tête ne lui disait rien. Et cette femme hideuse qui s'extasiait à présent, lui chatouillant la joue ! Et personne ne l'en empêchait ! Il était livré corps et âme à ces choses monstrueuses !

Il hurla ; aussitôt un autre visage apparut dans son champ de vision.

Nina. Il aimait ce prénom, ces deux syllabes douces, qu'il comprenait si bien, *ni na*. C'était si simple, si rassurant ! Elle était là, pour lui, à chaque instant.

Il se tut et sourit.

— Il comprend que sa famille est réunie autour de lui, expliqua Mme Gaillard, et il nous sourit.

Nina eut très envie de riposter mais elle se mordit les lèvres. Non, Adrien s'était calmé grâce à elle ; elle seule avait le pouvoir de l'apaiser, toujours, mais personne ne comprenait rien.

Ce n'est pas si grave ; ils n'ont qu'à imaginer ce qu'ils veulent. Adrien et moi, on sait bien que c'est faux, qu'il n'y a que nous deux au monde.

11

On avait attelé le cheval à la carriole qui transporterait la famille Gaillard. On aurait pu se rendre à la cathédrale à pied, mais maître Gaillard avait décrété qu'il faisait trop chaud pour marcher.

La grand-messe venait de s'achever lorsque les deux familles arrivèrent sur le parvis de l'église. Léon apparut au même instant, suivi de sa femme. Il était prévu qu'il surveillerait les chevaux et cette décision l'enchantait. Il ne croyait pas aux fariboles servies par les curés, ces histoires de pardon et de sacrement, d'éternité et de damnation. Il était intimement persuadé que ces fables étaient destinées à garder le peuple sous le joug de la puissante église que l'on craignait, aussi se taisait-il, ne voulant pas s'attirer les foudres des abbés. Il avait définitivement perdu la foi lorsque la mort lui avait pris sa femme et ses enfants, et surtout lorsque le curé lui avait assuré que les humains ne pouvaient comprendre les desseins de Dieu, seulement les accepter. Comment ce vieux garçon qui n'avait jamais aimé personne, s'était dit Léon, pouvait-il proférer de pareilles sottises ?

Les paroissiens saluaient la famille Gaillard, se répandaient en félicitations et, montrant le ciel d'un bleu limpide, leur promettaient une belle journée. Il y avait les quelques notables de la ville, le notaire et sa femme dont la robe était confectionnée, certes, par la couturière de Cahors, mais dont le tissu venait de Londres, le vieux médecin que suivaient son gendre et sa fille unique, le drapier et le quincaillier, la femme du boulanger et le boucher, tous en famille, endimanchés, les souliers cirés ; puis venaient les plus pauvres, gens de ferme et ouvriers, les petites bonnes restant à la maison pour préparer le repas des maîtres.

Maître Gaillard présentait son fils en disant :

— Voilà l'héritier des Gaillard, le futur maître des vignes.

Il avait le front luisant de sueur, car le soleil tapait fort et son chapeau ne le protégeait que partiellement. Ses yeux brillaient du plaisir de pouvoir montrer ce petit être enveloppé de linges blancs. Adrien Gaillard portait une longue robe que sa mère avait voulu coudre elle-même et qu'elle avait ourlé de fines dentelles, un luxe inouï.

Et les gens s'extasiaient, refoulaient, pour certains, leur amertume, pour d'autres leur colère, car si maître Gaillard les éclipsait tous c'était parce qu'il avait eu de la chance. Il avait su y faire en épousant la fille du cordonnier ; la dot puis l'héritage avaient suffi à lancer le gaillard.

Le curé apparut sur le parvis. Le saint homme venait accueillir le nouveau membre de la paroisse, qu'il guida, blotti dans les bras de sa mère, jusqu'au baptistère.

La cérémonie pouvait commencer ; Nina écoutait, sans vraiment comprendre l'importance du sacrement en train de s'accomplir ; son Adrien allait être délivré du péché originel, cette souillure qu'on apportait à la naissance et que l'eau lustrale avait le pouvoir de nettoyer. Elle savait qu'elle aussi avait été baptisée, dans ce même lieu, mais que son baptême avait été célébré sans réjouissances et qu'on lui avait donné pour parrain et marraine deux cousins éloignés de Mme Gaillard, lesquels avaient succombé à un accident de charrette quelque temps plus tard ; elle ne les avait donc jamais connus.

La marraine penchait le bébé sur les fonts baptismaux et l'eau se mit à couler sur le front de l'enfant. Il hurla. Nina se précipita, mais une main ferme l'arrêta.

Ainsi Adrien devint-il enfant de Dieu, en poussant des hurlements pitoyables qui n'attendrirent personne, hormis Nina qui en eut le cœur serré.

— Voilà une bonne chose de faite, déclara maître Gaillard, une fois la petite troupe revenue sur le parvis.

On acquiesça, pressé de rentrer, à présent que le soleil était à son zénith. La route du retour serait dure, sous cette lumière implacable ; heureusement, on avait pensé à se protéger avec des chapeaux et Mme Gaillard s'était munie d'un éventail qu'elle actionnait maladroitement, n'ayant pas l'habitude d'un objet aussi élégant.

— Vous vous prenez pour l'impératrice, lui lança sa belle-sœur qui, de plus en plus, avait l'air d'une souricette, visage maigre et yeux minuscules.

La souricette avait envie de mordre, mais se maîtrisait ; elle détestait sa belle-sœur, qui la plaignait d'être mariée à un rustre, un gabarrier qui passait le plus clair de son temps sur les eaux.

La souricette marmonna encore, mais entre ses dents qu'elle avait grises et mal plantées, qu'une fille de cordonniers devrait rester à sa place, mais personne ne l'entendit.

Maître Gaillard chargea son petit monde dans la carriole, son frère fit de même, et les chevaux s'ébranlèrent.

On en était au dessert, que Léonie avait tenu à préparer elle-même : deux tourtes aux noix comme le voulait la tradition. Mais plus personne n'avait faim dans cette chaleur que tempérait à peine l'ombre du noyer. Aussi maître Gaillard décida-t-il de rentrer pour profiter de la tiédeur que les épais murs avaient conservée.

Les deux jeunes mères avaient disparu dans les chambres, pour nourrir leurs bébés. Les enfants jouaient dans le jardin. Les trois hommes, Léon et les deux frères, pouvaient deviser en paix devant un verre d'eau-de-vie.

— Rien de tel après un plantureux repas, déclara maître Gaillard en faisant claquer sa langue. L'alcool fort vous nettoie les intérieurs, comme dirait notre cher Russe !

Il employait le « notre » à dessein puisque son frère commerçait avec lui, transportant les barriques dont il se portait acquéreur jusqu'à Bordeaux, parfois au péril de sa vie.

— À sa santé, alors !

Paul Gaillard aussi appréciait le Russe. Il était facile de travailler avec lui et il payait rubis sur l'ongle. Jamais d'entourloupes, un homme sérieux quoiqu'un peu étrange. Et cultivé, capable de vous épater avec les vers qui sortaient de sa bouche, surtout quand il avait bu.

Dans la chambre conjugale, les deux femmes aussi bavardaient. La souricette s'était réfugiée dans la chambre de Nina où elle s'était affalée sur le lit après avoir dégrafé son corsage.

Aussi Léonie et Mme Mathilde se retrouvaient-elles ensemble, comme au bon vieux temps. Et elles parlaient tissus et ombrelles, de l'impératrice Eugénie, si belle et si élégante, et surtout du petit prince impérial à qui on avait donné le prénom de Louis-Napoléon, Louis comme les rois de France et Napoléon comme son père et son illustre oncle. Il était né au mois de mars, et grandissait sous les ors et les lambris des palais.

— Il est né le même mois qu'Adrien, constata Mme Gaillard. Ils sont l'un et l'autre promis à un grand destin…

— Pour le petit prince, je n'en doute pas, rétorqua Léonie, mais votre fils sera vigneron comme son père et ne quittera pas le pays… Certes, c'est un beau métier, mais on ne peut pas comparer avec le destin d'un fils d'empereur !

Mme Gaillard fit la moue ; depuis la naissance de son fils, elle avait d'étranges rêves. Elle voyait son garçon devenir un homme important, au-dessus de la mêlée, proche des puissants, et peut-être puissant lui aussi. Mais Léonie avait raison, Adrien serait voué à la terre, comme son père. Et c'était un bel avenir qui se profilait devant lui, que son père était en train de lui préparer. Maître Gaillard n'était pas empereur mais à Cahors il avait du poids, même s'il n'occupait aucune fonction officielle. Le maire s'adressait à lui avec déférence, allant jusqu'à lui demander son avis sur l'un ou l'autre sujet.

— Il sera chez lui, sur ses terres, c'est l'essentiel, déclara Léonie en reboutonnant son corsage.

Elle assit sa fille sur ses genoux. Mme Gaillard contemplait le charmant spectacle tout en nourrissant son fils qui prenait son temps, pas comme la petite Catherine, bien plus goulue. Elle était charmante, cette petite Catherine, avec ses yeux foncés, comme ceux de sa mère, et ce joli sourire qui élargissait une fossette.

En ce mois de septembre, si maître Gaillard ou son épouse, ou encore Léonie ou n'importe quel vigneron qui commerçait avec lui s'était rendu à Bordeaux, il aurait pu tomber nez à nez avec Dimitri Konchalovsky.

Pour la bonne raison que le Russe n'était pas monté sur la goélette ralliant la Baltique et qu'il se trouvait à Bordeaux, plus précisément sur le quai des Chartrons. L'endroit qu'il préférait, à cause de l'eau, et comme il aimait le répéter, il était autant un homme de la terre que des canaux, rivières, fleuves et océans.

Mais à Cahors, personne ne pouvait se douter que le Russe, ce gentilhomme si élégant, menait une double vie.

Et c'était précisément à cette double vie que songeait Dimitri, en longeant le quai, sans prêter attention aux criailleries des mouettes.

Ma bonté, ma générosité, me perdront, murmura-t-il.

Sa bonté l'avait poussé à installer sa maîtresse dans un logis du centre-ville, où elle menait une vie de petite-bourgeoise, loin de son passé agité. Il avait rencontré Hortense six ans plus tôt, elle n'avait alors que seize ans et travaillait dans la rue. Car le Russe, à chacun de ses passages à Bordeaux, n'oubliait pas d'aller saluer une fille du métier. Il faisait de même à Hambourg ou à Londres. Il avait décidé d'user de professionnelles pour satisfaire ses besoins virils, selon son expression, un moyen moins dangereux que de tomber amoureux.

Il n'avait pas imaginé que cette petite putain deviendrait sa maîtresse, et encore moins la mère de sa fille unique !

Le Russe s'assit sur un banc et ouvrit sa sacoche ; il en extirpa le carnet de croquis.

Elle était là, sa toute belle, sa magnifique fleur, son diamant sans prix.

Il avait tenu à l'appeler Tatiana, un rappel à son pays natal ; et Hortense, ravie de ne pas devoir abandonner l'enfant et d'acquérir par la même occasion un statut de femme honnête, avait acquiescé, même si c'était un prénom peu catholique.

Tatiana était la demi-sœur des garçons qui grandissaient à Saint-Pétersbourg avec leur mère. Mais, évidemment, la famille russe ignorait l'existence de Tatiana, alors que la maîtresse française connaissait les prénoms des trois fils de son amant ainsi que leurs âges respectifs.

Le Russe n'avait parlé de Tatiana à personne. Il n'avait aucune envie de la partager. Il l'aimait d'un amour fou, démesuré. Jamais il n'avait éprouvé ce sentiment pour personne !

C'était à cause de Tatiana qu'il n'avait pas embarqué. Pour demeurer à ses côtés, lui lire un conte chaque soir, la prendre sur ses genoux, lui raconter les légendes russes que sa mère lui avait transmises.

Et c'était encore elle qui le faisait marcher, en cette après-midi de septembre si chaud qu'on se serait cru en plein été. Dire que la pauvrette devait rester enfermée dans sa classe au lieu de s'ébattre dans le jardin ! Mais c'était pour son bien qu'il l'avait inscrite à ce cours tenu par des religieuses. Quelques billets avaient suffi à vaincre la réticence des bonnes sœurs qui avaient d'abord tiqué devant cette fille née d'un amour illégitime et qui, de plus, portait un prénom étranger, pas très catholique.

Tatiouchka était en train de dépasser la grille, perdue au milieu de ses camarades, quand il atteignit l'école, le but de sa promenade.

— Tatiouchka trésor!

C'était ainsi qu'il l'appelait. Autour de lui, les mères et les petites bonnes d'enfants contemplaient la scène avec sidération. Il était le seul homme et, de plus, il osait s'accroupir pour se mettre à la portée de l'enfant, la serrer dans ses bras et la couvrir de baisers!

— Quelle honte! murmura une mère en s'empressant de prendre son enfant par la main et de le soustraire à cette exhibition.

On renchérit, mais le Russe n'entendait rien. Quand il eut épuisé ses caresses, il se releva et, main dans la main, tous deux prirent le chemin de leur maison.

Hortense les accueillit avec fraîcheur. Depuis quelque temps, elle croyait que la partie était gagnée et qu'elle pouvait donner libre cours à ses caprices et ses ressentiments plus nombreux chaque jour. Hortense avait oublié d'où elle venait, c'est-à-dire de la fange, et que c'était grâce au Russe qu'elle en était sortie. Oublié qu'elle lui devait ses habits et son linge de maison, et jusqu'à la nourriture qu'elle avalait, puisqu'elle ne gagnait pas un sou et qu'elle était dépendante de son amant. Ce dernier lui avait appris à lire et à écrire, et c'était, disait-elle à ses amies, sa seule qualité. Depuis peu, elle s'était mise à la poésie. Grâce au Russe qui déclamait des vers de Pouchkine.

— L'école ! Ainsi mademoiselle fréquente l'école ! Tout le temps qu'elle passera dans cet établissement sera perdu, décréta Hortense en levant le menton qu'elle avait double depuis qu'elle avait grossi. Alors que je pourrais la faire broder à la maison, ourler des mouchoirs et préparer des langes pour les bonnes œuvres ! Quant à lui apprendre à lire et à écrire, nous pouvons le faire nous-mêmes, ou engager une préceptrice !

— Mais moi, je veux y aller, au cours, et je suis contente d'avoir des camarades, répondit Tatiana en fixant sa mère dans les yeux.

Elle ne la craignait pas, du moins quand son père était près d'elle ; elle avait confiance en son père, toujours il la protégerait des colères maternelles, des gifles dont elle la menaçait et de ses horribles idées qu'elle détestait. Ourler des mouchoirs, c'était tellement bête !

— Personne ne te demande ton avis, riposta la mère. Tu n'es qu'une petite sotte. Je suis ta mère, et je sais ce qu'il faut faire et pas faire.

Sa décision était prise. Quand le Russe partirait, et il partirait bien un jour, Tatiana n'irait plus à l'école, et elle aurait beau crier, hurler et pleurer, elle ne céderait pas.

Le Russe s'affala sur la bergère qu'il avait choisie chez le tapissier, assez grande pour contenir son corps massif. Il était fatigué, soudain. Deux mégères. L'une ne valait pas mieux que l'autre ! Toutes deux se liguaient, sans avoir besoin de se concerter, contre lui, l'épouse légitime par son mépris, lui rappelant sans cesse qu'elle était la fille d'un officier du tsar, issu de la petite noblesse (elle oubliait de préciser que le père en question, peu fortuné, avait été ravi d'offrir sa fille cadette à un négociant riche), et que lui venait du peuple, un moujik. Le mot écorchait sa jolie bouche qu'il avait eu tant de plaisir à embrasser, au début de leur mariage.

Et à Bordeaux, il avait cru que sa bonté pour une fille du peuple qu'il avait extirpée du ruisseau serait récompensée ! Et voilà que la maîtresse se révélait aussi acariâtre que l'épouse !

Heureusement, il y avait Tatiouchka.

— Père, voulez-vous que je vous lise ce que j'ai appris aujourd'hui ?

Il sourit, oui, bien sûr, il voulait bien l'entendre ânonner. C'était une chanson douce dont il ne se lassait pas.

Il se détendit. Malgré la mauvaise humeur d'Hortense, il se sentait bien dans ce logis, simple, de quatre pièces, confortable mais sans faste. La chambre de Tatiana jouxtait celle qu'il partageait avec Hortense, et la nuit il pouvait l'entendre si un cauchemar la réveillait en sursaut. Il accourait alors, comme une mère soucieuse, et rassurait la fillette en allumant une chandelle. Il restait un moment près d'elle, parfois s'endormait à ses côtés après avoir mouché la chandelle.

Sans qu'il sache pourquoi, cet intérieur lui rappelait son enfance. Il était né pauvre, mais il avait eu une sœur jumelle, Natasha, avec qui il avait vécu dans une grande complicité.

Mais Natasha était morte peu après leur septième anniversaire, le laissant seul, garçon parmi les garçons, jusqu'au jour où, grâce à son panier de pommes, il avait fait la connaissance d'une autre Natasha, la fille du comte Doltoï. Grâce à elle, il avait eu le droit d'assister aux cours que lui donnait son précepteur. Ce dernier s'était vite rendu compte que le petit protégé était vif d'esprit et avait la bosse du calcul… Il avait ainsi appris les chiffres et les lettres, un bon départ pour une vie meilleure.

12

Nina aussi, en cet automne 1856, allait à l'école. Mais ce n'était pas un cours privé comme celui où le Russe avait inscrit sa Tatiouchka bien-aimée.

Elle allait à l'école « pour ne pas être dans mes jambes ». Et Mme Gaillard aurait pu ajouter : « Pour ne pas me gêner dans mon tête-à-tête avec mon fils ; Adrien n'a besoin que de moi, sa mère, et de personne d'autre ; je le nourris, je le lange, je le baigne, je lui parle, je lui donne tout ce qu'une mère doit donner à son enfant, et sans doute encore bien davantage. »

Mme Gaillard savait qu'Adrien serait son unique enfant. Elle avait donc décidé de se consacrer entièrement à sa tâche, négligeant le reste, et cette passion se développait au fur et à mesure qu'Adrien grandissait. Cette passion exclusive intriguait Léonie. Mme Gaillard n'était plus capable de penser à rien d'autre ! Or, un bébé risque de mourir au berceau, et toutes les mères vivaient dans cette peur en s'efforçant de ne pas trop s'attacher à leur nourrisson.

Il n'existait pas de cours privé à Cahors. Nina fréquentait l'école de garçons, ouverte, exceptionnellement, à quelques filles.

Nina s'était rendu compte que sa mère se débarrassait d'elle. Et elle en pleurait, le soir, dans son lit, la tête enfouie dans l'oreiller. Bien sûr elle avait envie d'apprendre, même si pour cela elle devait franchir le pont Valentré chaque matin, mais elle ne voulait pas être chassée de chez elle ! C'était un peu comme si, chaque matin quand elle empoignait son cartable et qu'elle poussait la porte, sa mère la houspillait : « Va-t'en, je ne veux plus te voir jusqu'à ce soir. »

Mais aussitôt arrivée sur le pont, Nina respirait mieux ; son chagrin tombait à la vue de la silhouette qui courait vers elle ; Gustave, chaque matin, qu'il pleuve ou qu'il vente, était fidèle au rendez-vous. Il venait chercher sa Nina au milieu du pont et ils faisaient ensemble le reste du chemin.

Gustave était bon élève, aussi le maître lui confiait-il les plus jeunes, à lui qui savait lire et tracer ses lettres. Il était chargé de leur apprendre l'alphabet. Gustave adorait sa tâche et l'accomplissait avec un sérieux d'adulte. Sa mère avait réussi à le placer, comme elle disait, à l'école depuis un an – il avait donc cinq ans – et en quelques semaines Gustave était parvenu à maîtriser la lecture bien mieux que les autres élèves en deux ans d'apprentissage.

Nina était assise à côté d'Agathe. C'était une fillette de sept ans, que son père, le boucher, voulait éduquer comme dans les grandes villes, afin qu'elle puisse un jour épouser son commis et tenir les comptes du commerce. Sa femme en était incapable, illettrée qu'elle était. Aussi le destin d'Agathe était-il tracé, et parlait-elle déjà de son avenir.

À midi tapant, les enfants, qui venaient de la campagne environnante, prenaient leur déjeuner sur place, réchauffant leur gamelle sur le poêle, pendant que le maître corrigeait les cahiers ; mais Nina et Gustave déjeunaient chez Léonie.

Main dans la main, ils couraient à travers les ruelles en imaginant le plat goûteux que Léonie aurait fait mijoter toute la matinée. Elle les gâtait tellement ! Au moins une fois par semaine, ils avaient droit à un gâteau aux noix, dont ils raffolaient.

— Nous avons eu une leçon d'histoire aujourd'hui, commença Gustave en s'asseyant à sa place, en face de Nina, et lorgnant le plat que Léonie apportait sur la table.

Il poussa un cri de joie devant les ravioles fumantes. Gustave était gourmand et avait toujours faim ; il est vrai que le soir, chez lui, la table était moins garnie : une soupe et un morceau de pain, parfois un bout de fromage. Son père était resté journalier et travaillait de ferme en ferme, sans avoir les moyens d'acheter un lopin de terre. Aussi adorait-il venir déjeuner chez Léonie. Nina avait tant insisté que Léonie avait fini par accepter, en leur demandant de garder le secret. Si les Gaillard l'apprenaient, ils ne seraient pas contents ! Maître Gaillard méprisait le père de Gustave qu'il jugeait incapable. Deux mondes différents. Les uns, comme lui, s'échinaient à cultiver leurs propres terres, avec orgueil, les autres louaient leurs bras, à jamais valets pour le compte des propriétaires. Pour maître Gaillard, c'était inimaginable ! Comment un homme digne de ce nom pouvait-il renoncer à posséder de la terre ? Tous les gens normaux aspiraient à acheter au moins quelques arpents qu'ils venaient soigner le dimanche, avec amour et dévotion !

— Le maître nous a parlé de Napoléon, le grand empereur, le vainqueur d'Austerlitz qui voulait conquérir l'Europe.

Il se tut pour avaler sa dernière bouchée de ravioles.

— Je n'aime pas Napoléon, s'exclama Nina, parce qu'il faisait la guerre, et la guerre ça fait des morts !

Elle était tourmentée par la mort depuis quelque temps. Et cette angoisse s'était aggravée depuis la naissance d'Adrien. Elle savait que des maladies pouvaient emporter les bébés au cimetière en quelques heures. Elle avait peur.

— Les rois font la guerre pour devenir encore plus grands, affirma Gustave, et plus riches. Mais après ils font la paix. Notre empereur aussi a fait la paix avec le tsar, en Crimée. Mais notre empereur a gagné.

L'enfant avait glané ces informations en lisant les grands titres des journaux quand il avait la chance d'en trouver, et en harcelant son maître. Ce dernier avait fini par lui expliquer cette guerre qui avait opposé les Russes aux Français et à leurs alliés anglais et ottomans, pour se conclure par le traité de Paris.

— Les Français sont plus forts que les Russes ! Et notre empereur plus puissant que le tsar !

L'enfant en rayonnait de fierté, comme si, à lui seul, il avait gagné toutes les batailles.

— L'essentiel c'est la paix, l'interrompit Léonie, et si tu fais le malin, tu n'auras pas de dessert, Gustave !

— Je te donnerai ma part, alors, promit Nina.

Mais son esprit était ailleurs…

Pourvu qu'Adrien ne soit pas tombé malade pendant que je suis loin de lui. Je vous en supplie, mon Dieu, protégez Adrien !

Cette pensée la rasséréna. Si elle priait suffisamment, lui avait dit Léonie, Dieu aurait pitié.

Les temps changeaient.

C'était l'impression qu'éprouvait maître Gaillard en cet automne 1857. Et l'impression se muait en certitude quand il lisait les journaux. Quelqu'un veillait sur eux, et ce quelqu'un n'était pas n'importe qui, mais l'empereur en personne ; Napoléon, le neveu, n'était pas moins grand ni ambitieux que son prestigieux oncle. Non seulement il avait gagné cette guerre de Crimée, renforçant sa puissance face à l'immense Russie, mais il ne se contentait pas de tourner les yeux vers l'Est, il pensait aussi à son pays, et plus encore à ses paysans. Sa sollicitude de père de famille portait ses fruits, et se voyait à l'œil nu.

Une révolution s'annonçait et maître Gaillard avait l'intention d'en profiter. Il prendrait ce train en route, contrairement aux paysans qui se méfiaient du progrès.

Les raisins étaient vendangés, en cette fin du mois d'octobre, et maître Gaillard savourait sa première soirée de repos avec la satisfaction du devoir accompli. Ses vignes allaient entrer dans le cycle du repos hivernal.

Maître Gaillard aimait ce moment de l'année, après l'effervescence des vendanges, le brouhaha causé par les journaliers qu'il fallait nourrir, le soir, tous autour de la table, dans la grange assez grande pour accueillir ce monde. Il était alors maître Gaillard, celui qui siégeait à la place d'honneur, et ouvrait les agapes en rompant le pain, tel Jésus dans la Cène. C'était aussi lui qui versait le vin, le goûtait, claquait sa langue, puis lançait :

— Vous pouvez boire, mes amis, le vin est bon et ne vous fera pas de mal.

Le vin de Cahors… On se l'arrachait depuis que le champignon de l'oïdium avait ravagé le Languedoc, et que la pénurie s'était installée. On l'exportait grâce aux courtiers, mais on le buvait aussi sur place. Le vin tenait une place de choix dans le budget familial, juste après le pain, et avant la viande !

Tout le monde le buvait, même les enfants…

Et l'on célébrait cette prospérité nouvelle. Et l'on chantait les louanges de l'empereur, et l'on riait de bon cœur, sans craindre l'avenir.

Et lui, le maître des vignes, contemplait l'assemblée joyeuse, le cœur gonflé de fierté légitime. Il contribuait à cette prospérité, et il aidait ses semblables. Ne venait-il pas de prêter de l'argent à Léon pour acheter des terres, par l'intermédiaire du notaire ? Enfin, pour dire toute la vérité, il n'avait fait que compléter, à sa petite mesure, le prêt que le Russe avait consenti à faire. Ainsi, le brave et méritant Léon deviendrait un véritable vigneron qui pourrait vivre de son vin !

En ce soir d'octobre, la nuit venait de tomber et les ceps disparaissaient dans la pénombre. La pièce était éclairée par quelques chandelles et par le feu de l'âtre devant lequel jouaient les deux enfants.

Nina avait sept ans, et Adrien trois ans.

Toute la journée, Adrien restait à la maison, entre sa mère et Gisèle. Enfin, c'était surtout sa mère qui s'occupait de lui ! Elle permettait à peine à Gisèle de l'approcher. Et l'enfant se laissait manipuler comme une marionnette, soumis.

Mais le soir, quand il entendait les pas de Nina dans l'escalier qui grimpait le long de la maison, son visage s'éclairait. Et sa mère ne s'y trompait pas : son fils attendait Nina !

Il se précipitait vers elle, sans plus l'écouter.

Et la mère contemplait le petit couple avec une grimace de dépit. Nina lui volait son fils ; quand elle était à la maison, Adrien ne voyait, n'entendait plus qu'elle. À croire qu'elle, la mère, comptait pour du beurre !

Et elle détournait les yeux, pleine de rage.

Lentement, elle commençait à se demander s'il ne serait pas mieux pour tous d'éloigner la fillette…

— Non, on ne touche pas le feu, déclara Nina en voyant qu'Adrien s'approchait de l'âtre ouvert. Ça brûle.

Elle émit un gémissement et l'enfant recula sans broncher.

Maître Gaillard sourit, la complicité entre les deux enfants était touchante. Et ils s'aimaient tant ! Déjà il imaginait l'avenir, Nina et Adrien mari et femme. Ainsi il n'aurait pas de dot à verser, l'argent et les terres resteraient dans la famille. Et il pourrait vieillir en paix, l'âme sereine, avec la satisfaction du devoir accompli.

Puis soudain, il se rappela que Nina venait de nulle part… on ne connaissait pas ses origines… Dans ce cas, pouvait-elle devenir l'épouse de son fils unique, la mère de ses enfants ?

Cette idée le tourmentait ; et si Nina, bien que jolie et en bonne santé, abritait dans son corps quelque tare invisible qu'elle transmettrait à ses enfants ? Il aurait alors un petit-fils chétif, difforme peut-être, voire idiot…

Le contraire d'un héritier.

Et puis il y avait aussi l'autre raison, qui rendait cette union impossible, une raison qui lui amenait un pincement au cœur quand il y songeait... Aussi la plupart du temps, quand l'idée l'effleurait, la chassait-il d'un revers de main...

— C'est l'heure de se coucher, déclara Mme Gaillard.

Ils dormaient dans la même chambre, qui avait été celle de Nina. Et souvent, la nuit, le petit garçon sortait de son lit pour se réfugier dans celui de sa sœur. C'était un enfant solide, jamais malade, mais craintif. Seule Nina savait le rassurer, lui faire oublier que la nuit était noire et que des animaux sauvages rôdaient autour de la maison, dans la forêt toute proche ; il avait vu des cerfs débouler sur le chemin, des biches tenter de pénétrer dans le potager.

Les deux enfants gravirent les marches, Nina derrière Adrien, au cas où il perdrait l'équilibre. Nina avait le cœur lourd, elle avait remarqué le regard que son père avait posé sur elle à plusieurs reprises, un regard aussi dur que celui du forgeron. C'était la seule personne du bourg à la traiter de bâtarde quand elle passait devant la forge, le matin, sur le chemin de l'école ; Gustave avait beau lui dire que c'était un homme méchant et bête, elle en tremblait d'effroi.

Et voilà que maître Gaillard, son père, avait le même regard dur.

Pourquoi ? se demanda-t-elle en essayant de fouiller dans sa mémoire. Mais la réponse était facile à deviner : elle n'était pas de son sang. Seul Adrien était un Gaillard. Elle, elle était née dans la cazelle, et personne ne savait qui était sa mère.

Elle se promit de devenir encore plus sage et obéissante. À force, son père perdrait ce regard dur. Et sa mère aussi s'amadouerait. Tous deux comprendraient qu'ils n'avaient rien à craindre, qu'elle ne leur voulait pas de mal, et qu'elle les aimait.

Et ils deviendraient une famille unie et heureuse.

13

Maître Gaillard avait ruminé durant l'hiver, penché sur ses vignes, les soignant et les bichonnant, sans jamais cesser de penser à l'avenir.

Cet avenir qu'il avait décidé de modeler à sa guise, comme ses terres qu'il avait épierrées avec soin et méthode, et qu'il avait couvertes de ceps florissants.

En ce mois de mars 1858 il avait prévu de rendre visite à sa belle-sœur, Angèle, et peut-être même aurait-il la chance de tomber sur son frère, de retour d'un de ses voyages sur l'eau.

Maître Gaillard ne détestait pas la rivière, encore indispensable en ces temps où le chemin de fer commençait timidement à faire son apparition, mais il s'en méfiait. Et il ne s'approchait jamais des rives du Lot sans appréhension, comme si un monstre aquatique allait surgir des profondeurs pour le happer.

Il arriva à Douelle au moment où Angèle et sa servante dressaient les tables du déjeuner.

Elle tenait auberge sur les bords du Lot, et accessoirement faisait hostellerie, proposant des chambres simples mais propres où les mariniers pouvaient se reposer avant de remonter sur leurs gabarres. Se reposer, un peu, mais surtout festoyer, s'amuser, boire et manger, chanter et bien davantage.

Ces excès alimentaient les rumeurs les plus diverses, et les commères se signaient avant de les raconter.

L'endroit s'appelait *La Belle Angèle*, du nom de la patronne, qui aimait beaucoup se mirer dans la glace, voire sur les eaux, pour se persuader de sa beauté. Mais elle devait s'avouer que sa beauté se ternissait avec le temps… Aussi craignait-elle pour l'avenir de son auberge, elle qui n'avait que des fils, voués à l'eau comme leur père. L'aîné accompagnait ce dernier, qui l'initiait au métier, non sans rudesse, car qui aime bien châtie bien. Il était tellement persuadé de la vocation de son fils qu'il lui avait déjà fait tailler la traditionnelle veste bleue que le jeune homme portait avec fierté. Enfin, il se distinguait des autres ! Il faisait partie de ce monde différent, querelleur et buveur, orgueilleux et jaloux de ses prérogatives. Sans eux et leurs bateaux, les paysans seraient réduits à mourir de faim ; ni les céréales ni les barriques de vin n'arriveraient à Bordeaux ou ailleurs. Grâce à eux, le monde entier s'ouvrait, la Garonne conduisant à l'océan. Un parcours dangereux, depuis peu parsemé d'écluses, mais d'où l'on n'était pas certain de revenir à bon port.

— Voilà notre maître Gaillard !

Angèle ne paraissait pas ravie de voir son beau-frère. Jalousie, dépit, envie, se disputaient dans son cœur aigri. Le frère aîné de son mari avait mieux réussi qu'eux ! La vigne était en train de triompher, sur les collines et jusque sur les bords de la rivière, emplissant l'espace de ses ceps, avec la volonté de couvrir la terre entière.

En quittant l'auberge, une heure plus tard, maître Gaillard jubilait.

À force de réfléchir durant les mois d'hiver, il avait trouvé la solution à son problème.

Il se mit en selle, pressé d'annoncer la bonne nouvelle à son épouse. Mathilde serait contente, même si au début, sans doute, elle éprouverait un peu de chagrin… mais elle finirait par reconnaître que son mari avait pris la meilleure décision possible.

Mme Mathilde préparait le sac.

Elle l'avait acheté chez le cordonnier, ou plus précisément, le lui avait commandé. Elle avait exigé un sac en cuir de bonne qualité, solide, inusable.

Mais cet objet ne lui était pas destiné.

Ses mains tremblaient pendant qu'elle pliait les robes de Nina. Elle les avait étalées sur le lit, pour mieux lisser le tissu, puis elle les pliait avec soin pour les poser soigneusement au fond du sac.

Au moins personne ne pourra dire que Nina n'a pas de linge ! Elle a un trousseau digne d'une fille de bourgeois, murmura-t-elle dans le silence de la chambre. *La preuve que nous nous sommes bien occupés d'elle !*

Comme on était dimanche, les enfants jouaient dans la grande salle avec les cubes et le petit chariot que maître Gaillard avait offert à son fils pour Noël. L'enfant adorait les empiler, pendant des heures, construisant puis démolissant l'ensemble dans un grand éclat de rire.

Nina était loin de se douter de ce qui se tramait dans son dos !

Car tout à l'heure, maître Gaillard rentrerait pour annoncer la nouvelle.

Mme Mathilde suspendit son geste.

Ai-je bien fait d'approuver la décision de mon mari ? Cette décision n'est-elle pas injuste ?

Elle se souvenait parfaitement de la scène de la veille. Les enfants couchés, ils étaient seuls dans la salle, elle en train de broder, le mari lisant le journal.

— Demain j'irai voir l'Angèle. Oui, la sœur de mon frère. Je sais que tu ne l'aimes pas trop, d'ailleurs moi non plus, mais là n'est pas la question.

Il s'était arrêté, et elle avait attendu la suite, pleine d'appréhension. Les deux familles se voyaient si peu, eux sur la colline dans leurs vignes, les autres en bas au bord de la rivière.

— Je vais demander à Angèle de prendre Nina.

Elle avait poussé un petit cri ; un cri de douleur, et de surprise aussi. Alors, son mari, agacé par sa réaction, avait lancé d'un ton brutal :

— J'ai beaucoup réfléchi et j'en suis arrivé à la conclusion que Nina serait mieux ailleurs qu'avec nous.

Et il avait déballé ses griefs, la naissance étrange de la fillette, sa filiation inconnue, les tares possibles…

Il avait conclu :

— De toute façon, maintenant que nous avons un fils, elle n'a plus sa place à la maison. Avant, c'était avant. Je ne pouvais pas imaginer, quand Léonie nous l'a apportée, que tu me donnerais ensuite un garçon. Tu m'avais dit que tu étais sèche comme une terre morte !

Il avait encore expliqué :

— Je sais qu'Angèle a envie d'avoir une fille. Elle n'a que des garçons et elle s'en plaint. Surtout qu'elle ne rajeunit pas et qu'elle a besoin de s'assurer de l'avenir… Avec Nina elle aura quelqu'un pour la seconder et, un jour, lui succéder à l'auberge. Nous lui offrons un bel avenir! Sans nous, elle croupirait à l'orphelinat ou serait morte, à l'heure qu'il est!

Mme Gaillard avait baissé la tête, ce qui chez elle équivalait à un consentement. Nina quitterait la maison où elle avait grandi.

Elle ne pouvait donner tort à son mari; il était sage de séparer les deux enfants.

Adrien lui appartiendrait sans partage! Et Nina préparerait son avenir de femme dans l'auberge, dont elle deviendrait un jour la maîtresse, si tout se déroulait selon les plans de son époux.

Ainsi pensait Mme Gaillard tout en remplissant le sac.

J'ai bien fait. C'était la meilleure solution, aussi bien pour Nina que pour nous.

Nina contempla le sac avec un air si étonné que Mme Gaillard décida d'attendre le retour de son mari.

Elles restèrent ainsi sans dire un mot pendant un long moment qui aurait pu s'éterniser si Adrien ne s'était mis à pleurer.

Il venait de comprendre, avec son petit cœur d'enfant, que ce sac allait changer sa vie.

Les larmes d'Adrien réveillèrent Nina de sa contemplation silencieuse; en un éclair, elle se rendit compte que sa mère avait rangé ses habits dans ce sac.

Elle devait partir, tout quitter, et dans ce tout, elle englobait Adrien, qui en serait la première et seule victime.

Elle entoura Adrien de ses bras, pendant que Mme Gaillard faisait claquer le fermoir du sac et le déposait sur le plancher.

— Il ne te manquera rien, Nina… de toute façon, nous viendrons te voir…

Nina ne répondit pas ; qu'aurait-elle pu dire, ou demander ? Elle resserra son étreinte autour d'Adrien qui continuait à pleurer silencieusement.

— Vous ne voulez plus de moi. Alors, où dois-je aller ?

Le ton était presque indifférent, suffisamment neutre pour donner à croire à Mme Gaillard que Nina s'accommoderait de sa nouvelle situation avec facilité.

Nina avait décidé de ne pas pleurer, quoi qu'il arrive elle serait forte.

— Dans une belle et grande maison… une auberge…

Sa voix se brisa ; où envoyait-elle cette pauvrette ? Un tripot où l'on buvait inconsidérément, pas un endroit pour une fillette. Ne serait-elle pas malmenée par ces mariniers ivres ?

— Chez tante Angèle ?

— Oui, tante Angèle a besoin d'une fille et te veut auprès d'elle… C'est elle qui a insisté… et nous avons fini par céder, à contrecœur, mais c'est pour ton bien, car ainsi, bientôt, tu pourras l'aider dans l'auberge, et un jour en devenir la maîtresse. C'est un beau métier ! Et puis, tu auras des cousins très gentils… ils veilleront sur toi…

Et un jour, compléta-t-elle dans sa tête, *tu épouseras l'un d'entre eux… C'est ce qui peut t'arriver de mieux, dans ta situation d'orpheline pauvre.*

— Vous allez me vendre…

Le ton de la voix n'avait pas changé, toujours froid, indifférent, sans émotion.

Comme si elle s'y attendait.

— Te vendre ? Nous ne toucherons aucun argent dans cette affaire ! Je te le répète, c'est pour ton bien que nous agissons de la sorte. Tante Angèle t'apprendra ton futur métier. Et tu vivras au bord de l'eau…

— Je déteste la rivière, je vous déteste, madame Gaillard, et je déteste maître Gaillard. Mais j'aime Adrien, et vous n'aimez pas que je l'aime… c'est pour cela que vous me jetez dehors…

Sa voix se brisa. Elle n'était qu'une petite fille de sept ans qui souffrait. Une petite fille qui n'avait plus ni père ni mère.

Elle sentait comme un poids peser dans son ventre, au niveau de l'estomac. Brusquement, elle se pencha en avant.

Elle vomit. C'était un flot incoercible qui s'échappait d'elle ; son corps se rebellait et hurlait : *Non, vous ne pouvez pas me faire ça ! Vous n'avez pas le droit de me traiter ainsi !*

Elle était encore trop petite pour trouver les mots, aussi se contenta-t-elle de vomir.

Mme Gaillard ne tenta pas un geste.

Elle s'habituera. On s'habitue à tout quand on n'a pas le choix.

Le voyage se ferait en carriole. Nina y avait pris place, son sac à ses pieds. Elle paraissait si frêle que Mme Gaillard eut des doutes et se dit que ce départ allait tuer la fillette.

Nina avait beau ne pas pleurer et se murer dans le silence, elle voyait bien que son petit cœur était brisé. Mais que pouvait-elle y faire ?

Rien. Je ne peux que me soumettre à la volonté de mon époux.

Ce fut maître Gaillard qui conduisit Nina à sa nouvelle maison.

Adrien n'eut pas le droit de les accompagner. Son père avait décrété que sa place était auprès de sa mère.

Adrien suivit la carriole du regard, jusqu'à ce qu'elle disparaisse dans le virage. Ne restèrent alors que les ceps des vignes, immobiles et indifférents sous le ciel sans nuages.

Est-ce à ce moment-là que l'enfant se mit à détester les vignes ?

Adrien avait compris qu'on lui prenait Nina, qu'il allait devoir vivre sans elle, dans la grande maison vide. Elle ne rentrerait plus, le soir, après l'école.

Il serait seul.

La carriole avançait entre les vignes ; Nina ne pouvait les quitter des yeux, c'était sa vie. L'univers se résumait à cette terre, et voilà qu'on l'en arrachait pour la mener ailleurs, au bord de l'eau, dans un monde étranger.

Et cette étrangeté l'effrayait.

Elle avait peur de l'eau. Elle se souvenait très bien de la seule fois où elle avait approché la rivière. Elle avait scruté les eaux sombres, tourmentées, le cours sinueux de la rivière, ses bords ombrés d'aulnes et de saules, et elle n'avait rien reconnu de ce qu'elle aimait.

Elle aimait la terre, aride et sèche, où les cailloux affleuraient.

Elle aimait les vignes, leur feuillage qui changeait de couleur au fil des saisons.

Elle aimait les vendanges, les raisins qui tombaient dans les paniers d'osier et que l'on renversait dans le tonneau, sur la charrette.

Elle aimait les odeurs de la terre, des grappes gorgées de soleil et du vin nouveau.

Elle aimait le chais et ses barriques, pleines de ce vin qui réjouissait les gens, qui donnait tant de joie.

Elle aimait la cazelle et les oiseaux. Et les murets de pierre. Et le ciel au-dessus des collines.

Au bord de la rivière, elle ne retrouverait rien de son univers familier.

Ainsi pensait-elle pendant que le cheval trottait vers le Lot ; cette rivière qu'elle allait se mettre à détester.

Et détester aussi la tante Angèle et les cousins surtout, qu'elle connaissait à peine, mais qui la traitaient en fille, en morveuse, indigne de partager leurs jeux.

Elle ne verrait plus Adrien... Il ne l'attendrait plus le soir, ne se précipiterait plus vers elle quand elle rentrerait de l'école.

Le petit garçon supporterait-il cette absence ?

Et l'angoisse qu'elle avait connue quand Adrien était bébé et qu'il risquait de mourir au berceau, comme tant d'autres, la reprit.

Et si mes prières ne suffisaient pas à le garder en vie ?

Elle frissonna mais maître Gaillard ne s'en aperçut pas.

14

Nina éclaircissait les touffes vertes des jeunes carottes. La tante Angèle lui avait confié le potager, quelques plates-bandes de légumes : carottes, pommes de terre, navets, poireaux, haricots verts et laitues.

Elle aimait ce travail matinal et le potager situé à l'arrière de l'auberge, les arbres qui fermaient le coin de terre, pommiers et poiriers en haies vives. Elle en oubliait la rivière, que l'on ne voyait pas, dissimulée par les feuillages.

Il faisait déjà chaud en ce matin de juin, aussi se dépêchait-elle de terminer son travail avant que le soleil ne l'oblige à se mettre à l'abri.

— Bonjour, cousine!

Elle leva la tête et sourit à l'arrivant. C'était Yves, l'aîné des garçons, celui qui déjà prenait la voie des eaux avec son père; il avait treize ans, mais en paraissait seize tant le grand air et le maniement des rames, le dur travail des gabarres, l'avaient mûri précocement. D'ailleurs, il se prenait pour une grande personne, méprisant les plus jeunes et traitant ses frères de mioches.

Il avait été étonné de découvrir Nina, chez lui, à son retour. Yves et son père étaient rentrés depuis une semaine, pour prendre leurs quartiers d'été. Ils ne repartiraient qu'en septembre, quand les eaux le permettraient.

— Je te croyais en cuisine, mais ma mère m'a dit que je te trouverais dans le potager, alors je suis venu te voir...

Nina essuya son front couvert de sueur d'un geste du bras, et secoua ses mains couvertes de terre.

— J'ai fini d'éclaircir les carottes !

Elle dévisageait le garçon. Il était grand et fort.

— Maintenant, je dois arroser les plantes, car ce soir, avec la fête...

— C'est vrai, tu auras autre chose à faire ! Les années précédentes, il y avait au moins trois femmes en cuisine et autant en salle. Et ça n'arrête pas ! Les hommes auront soif et les femmes auront du boulot pour remplir les pichets !

Il se passa un coup de main dans les cheveux coupés ras. Des poils apparaissaient sur son menton, et un fin duvet ourlait ses lèvres. Il était en pleine métamorphose. Un homme en miniature. Presque attendrissant s'il n'y avait eu cette lueur dans le regard.

Mais Nina n'apercevait pas cette lueur, elle n'entendait que le son de la voix en train de muer, une voix infiniment plus douce que celle d'Angèle. La patronne lui criait dessus à la moindre occasion ; un rien l'agaçait et la mettait hors d'elle. Nina encaissait sans répondre ; la tante n'aurait pas supporté la moindre protestation. Elle était reine en son royaume, dans son auberge. Et personne ne résistait à la volonté de la belle Angèle !

Nina avait appris à connaître les mariniers à force de les côtoyer. Elle les servait à table, avec l'aide de Sylvette, une fille simplette que la tante Angèle gardait par pitié. Et surtout parce que son mari lui avait interdit de la renvoyer, la pauvre orpheline n'ayant personne au monde. Il ne voulait pas courir le risque de la retrouver dans le ruisseau en train de vendre son corps. Il le devait à son père, qui avait tiré les gabarres sur le chemin de halage. Le métier était si pénible que les hommes tombaient comme des mouches, usés prématurément par ce labeur de forçat.

— Je vais t'aider à remplir les seaux. C'est trop dur pour toi!

Nina faillit battre des mains. Elle avait peur du puits, ce gouffre dont on ne voyait pas le fond et dans lequel, disait-on, un enfant s'était noyé autrefois.

Elle craignait d'y tomber, et en même temps, le puits l'attirait... parfois, elle imaginait sa chute. Elle serait morte, et peut-être que les Gaillard pleureraient... Ils regretteraient amèrement de l'avoir abandonnée et viendraient poser des fleurs sur sa tombe.

Mais si je meurs, je ne reverrai jamais Adrien...

Cette pensée, toujours, l'éloignait des vertiges du puits.

Yves aida Nina. En général, on arrosait le soir, mais ce n'était pas un jour comme les autres. Ce soir, on fêterait la Saint-Jean et le retour des mariniers. On fêtait la rivière, la splendeur des arbres au faîte de leur beauté, le silence des eaux devenues basses et lentes.

Les hommes et les enfants avaient préparé un bûcher.

Les flammes montaient sur la berge de la rivière, s'éparpillaient, dessinant des arabesques sur l'eau. Des étincelles tombaient, aussitôt absorbées par l'eau qui les engloutissait dans un remous vite éteint. C'était l'été qui s'embrasait en pleine nuit. L'union du feu et de l'eau, dans une étreinte désespérée et fascinante.

Nina, éblouie par ce spectacle qu'elle voyait pour la première fois, en oubliait d'aller remplir les pichets dans la cave. C'était son travail pourtant, s'accroupir devant le tonneau, ouvrir le robinet et laisser couler le vin. Un travail plus facile que de remonter l'eau du puits.

— Nina, Nina, on a soif!

Les hommes installés autour de la table scandaient ces mots en tapant les verres sur le bois.

Nina s'arracha à sa contemplation.

Elle décida de se passer de chandelle; elle connaissait la topographie des lieux et, les mains libres, elle pourrait remonter avec deux pichets à la fois.

Elle était si concentrée qu'elle n'entendit rien tout d'abord. Il ne fallait pas qu'elle renverse le vin, ce précieux liquide, sur la terre battue, ni qu'elle fasse déborder la cruche. Ne pas gaspiller, lui répétait tante Angèle qui surveillait chaque pot, avait l'œil sur les victuailles, depuis le beurre jusqu'au pain et aux lentilles, dans la resserre.

En se redressant, elle entendit un drôle de son. Ce gémissement ressemblait au feulement d'un chat. Elle demeura immobile, mais la curiosité l'emporta. Elle posa les deux pichets sur le sol et se dirigea vers le bruit.

Nina n'avait peur de rien, hormis de l'eau.

Elle plissa les yeux et les vit ; ils étaient deux : Yves et un marinier, un bonhomme imposant volontiers bagarreur, connu pour ses excès, mais dur à la tâche et apprécié de tous.

Que font-ils ?

Yves était penché en avant, les fesses à l'air ; le pantalon gisait à ses pieds, et l'autre s'agrippait à lui en poussant des cris rauques. Un rayon de lune traversait le soupirail et éclairait, faiblement, la scène d'un halo cadavérique.

Puis brusquement, le marinier poussa un cri plus fort que les autres et s'affaissa sur le sol.

Yves était en train de se rajuster lorsqu'il perçut une respiration.

Il se tourna et aperçut Nina.

Il eut l'impression que le monde s'écroulait. Un tremblement de terre ne lui aurait pas fait plus d'effet, ne l'aurait pas épouvanté davantage.

Déjà, il imaginait la suite des événements.

Nina allait le dénoncer. Elle n'avait sans doute rien compris, oie blanche qu'elle était, mais la tante Angèle et Sylvette, elles, comprendraient qu'il était pédéraste. Qu'il commettait le péché contre-nature, que l'église et la société réprouvaient fermement. Et qui ne pouvait se perpétrer qu'à l'ombre des caves et des greniers à foin, ou dans le silence des buissons.

Si Yves se moquait d'aller en enfer, il tenait à sa réputation. Sa réaction fut donc rapide, et il s'élança vers Nina ; seulement elle s'engageait déjà dans l'escalier.

Yves réfléchit pendant que son compagnon se rajustait en sifflotant. Ce dernier n'avait pas vu Nina et Yves décida de garder le silence sur cette apparition.

Il savait comment contraindre Nina au silence.

La solution lui sembla si drôle qu'il éclata de rire.

— Tu es bien gai, lui souffla son amant.

— Oui, je m'amuse beaucoup, répondit Yves.

Puis, l'un après l'autre, ils remontèrent et se mêlèrent à la fête.

Yves, surtout, but plus que d'habitude.

15

Adrien avait vu partir Nina, juchée sur la carriole, le sac de voyage à ses pieds, maître Gaillard tenant les rênes. Mais s'il avait deviné, au vu du bagage, que quelque chose de grave se tramait, il n'avait pas compris que le départ de Nina était définitif.

Qu'elle ne reviendrait jamais.

Aussi ce jour-là se mit-il à attendre son retour. À midi il goûta à peine au plat qu'il aimait pourtant, gourmand comme il l'était, toujours prêt à se jeter sur la nourriture, bien davantage que Nina qui était frugale. Il n'était pas rare que le petit garçon chipe dans l'assiette de sa sœur un bout de saucisse ou de lard.

Personne ne s'inquiéta, Mme Gaillard pensait à Nina, et son mari à ses vignes.

Seulement, ce silence perdura. Et les parents durent se rendre à l'évidence : leur fils ne parlait plus, ou alors par monosyllabes qu'il jetait du bout des lèvres.

Pas de phrases, encore moins de bavardage, mais avec qui aurait-il pu bavarder maintenant que Nina était partie ? Elle était la seule à qui il pouvait raconter ses petites histoires, avec qui partager ses rêves et rire.

Il ne riait plus. Il était devenu un enfant solitaire, replié sur lui-même, qui passait ses journées à regarder sans rien voir. Son père l'emmenait dans les vignes et il suivait le mouvement, mais sans plaisir.

Il détestait les vignes.

Pourtant, personne ne s'inquiéta vraiment. Mme Gaillard se concentrait sur ses travaux de broderie, et son mari sur ses terres. Et puis Adrien n'était qu'un enfant... c'est-à-dire un petit animal qui ne deviendrait humain qu'arrivé à l'âge adulte.

Il faut reconnaître que les temps n'étaient pas tendres pour les enfants. La révolution industrielle s'était mise en marche, broyant grands et petits dans sa machinerie impitoyable. Elle avait commencé en Angleterre mais la France aussi était touchée. À Paris, l'empereur aspirait à la modernité, entraînant dans sa volonté son peuple, lequel lui aussi souhaitait une vie meilleure, sans trop savoir laquelle. En tout cas on devinait que ces nouvelles machines changeraient la vie des hommes.

Seulement, pour les faire fonctionner, ces bêtes d'un nouveau genre, on avait besoin de petites mains habiles qui savaient se glisser là où les pognes des hommes, voire des femmes, ne pouvaient aller, pour nouer les fils, desserrer un écrou, ouvrir une vanne... et les enfants travaillaient dès leur plus jeune âge, pour gagner quelques sous, dans le seul but de servir les maîtres, contenter leurs parents, et ne pas mourir de faim.

Même si à Cahors la vie ne semblait pas changer, puisque la révolution industrielle ne descendait pas jusque sur les bords du Lot, on lisait les journaux, les colporteurs ramenaient les nouvelles, les gens discutaient ou bavardaient. Au bord de la rivière, les femmes lavaient le linge en échangeant des propos glanés par-ci par-là, et les hommes, dans les cafés, commentaient les gros titres. On n'ignorait pas le sort réservé aux enfants qui travaillaient dans les usines de l'aube au coucher du soleil. Mais on ne s'en émouvait pas non plus, la vie était dure pour les adultes, les enfants ne pouvaient pas être épargnés.

Ce même jour de la Saint-Jean au cours duquel Nina allait être témoin de l'étrange scène entre Yves et le marinier, Adrien décida d'agir.

Seul, évidemment, puisqu'il était toujours seul, sa mère ne jouant pas avec lui et la servante le repoussant sous prétexte qu'elle avait trop d'ouvrage. De petits camarades il n'en avait pas, maître Gaillard ayant décrété que son fils n'avait besoin de personne et surtout pas de petits voyous. Son fils était bien supérieur au commun des mortels, et ne devait donc pas fréquenter la valetaille.

Comme on le voyait peu, hormis à l'heure des repas, personne ne s'aperçut que l'enfant avait disparu. Il était venu se mettre à table, à midi, puis il s'était éclipsé, comme d'habitude. Mais à l'heure du souper, il n'était pas réapparu.

Personne ne songea qu'il avait pu fuguer pour tenter de retrouver Nina; Nina déjà était tombée dans une sorte d'oubli, chassée des pensées et des conversations, comme s'il avait fallu la supprimer. Comme si elle était morte.

Tout au plus Mme Gaillard se surprenait-elle de temps à autre à se dire, *quand Nina était là*, mais aussitôt elle chassait cette pensée, de peur sans doute de réveiller un soupçon de douleur.

Ce fut dans la soirée qu'on se mit à chercher le petit garçon.

On fouilla d'abord la maison, de fond en comble, y compris le chais, mais aucune trace de l'enfant ne fut relevée.

On scruta alors les arbres, mais ils abritaient uniquement quelques bandes d'oiseaux.

— Il est parti dans les vignes, décréta maître Gaillard, c'est le seul endroit qu'il connaît. Jamais il ne se serait aventuré au-delà du pont.

Déjà il imaginait son fils endormi contre un cep, sa joue posée sur les feuilles encore vertes, dans ce domaine qu'il avait créé, lui le père, de toutes pièces, à la force de ses bras ; pour son fils, justement. La vision était si puissante qu'il en fut ému, et que des larmes faillirent couler, qu'il essuya, heureusement, d'un revers de manche. Son fils aimait les vignes autant que son père, il était son digne successeur !

On eut beau arpenter la colline en criant, en appelant – les voisins avaient voulu participer, et ils étaient une dizaine à faire fuir souris et oiseaux, troublant la paix de cette soirée d'été –, on ne retrouva pas l'enfant. Il semblait s'être volatilisé.

Quand ils rentrèrent, tard dans la nuit, Mme Gaillard, restée chez elle au cas où l'enfant réapparaîtrait, péniblement et d'une voix hachée, murmura :

— Adrien… Nina… et s'il avait voulu…

Elle n'acheva pas sa phrase, l'idée lui semblant si incroyable. Comment un petit garçon de quatre ans pourrait-il vouloir rejoindre sa sœur ? D'ailleurs, il ne parlait jamais de Nina, ne la réclamait pas et ne se plaignait pas de son absence.

Maître Gaillard émit un petit ricanement:

— Impossible! Douelle est bien trop loin! Et Adrien est si timoré...

Il devait le reconnaître, son fils avait beaucoup de qualités, mais il avait peur de tout. Cette faiblesse disparaîtrait en grandissant.

— Il n'a pas traversé le pont Valentré, assura maître Gaillard, je suis certain qu'il est resté de ce côté de la rivière, pas loin de nous...

Il en avait l'intime conviction; son intuition de père, sans doute. Mme Gaillard avait l'intuition contraire, qu'Adrien avait voulu retrouver Nina et s'était engagé sur le pont, et déjà, en son for intérieur, elle pleurait, sans oser sangloter pour ne pas agacer son mari. Le petit était tombé dans le Lot, qui l'avait englouti, les flots s'étaient refermés sur lui, et elle avait perdu le seul enfant qu'elle avait été capable de mettre au monde.

Dans son trou, Adrien rêvait; il avait entendu les appels, son prénom crié à tue-tête, et il n'avait pas relevé le menton qu'il tenait entre ses bras repliés.

Il était avec Nina.

C'était là qu'ils venaient tous deux, en cachette des grandes personnes, pour être tranquilles, disait Nina. C'était elle aussi qui avait trouvé l'endroit, inconnu de tous, ou plus exactement oublié depuis longtemps.

C'était un ancien puits partiellement comblé, que Nina avait découvert par hasard, au bout du jardin, cerclé de broussailles. Pour tout dire, elle y était tombée après s'être frayée un passage entre les buissons, et elle était tombée le cul par terre dans la fosse.

Elle n'avait pas eu peur, car elle voyait la lumière qui venait du ciel, cet espace limpide qui prouvait qu'elle pouvait trouver un moyen de s'en sortir. Elle avait effectivement remarqué, dans l'épaisseur des pierres, des marches en fer qui remontaient à l'air libre.

Elle n'avait parlé de sa chute à personne; c'était l'époque d'avant la naissance d'Adrien.

Elle avait aménagé peu à peu l'endroit, avec beaucoup de patience et de persévérance. Elle avait pris, dans la remise, de vieux coussins que Mme Gaillard avait jugé trop laids, une couverture, des tasses et des verres ébréchés, une vieille boîte en fer-blanc qui avait servi à ranger des biscuits.

Dès qu'Adrien avait été capable de marcher, elle l'avait emmené dans son refuge.

C'était leur maison, et qu'importe qu'elle fût humide et froide, ils étaient chez eux.

Adrien et Nina adoraient leur univers. Ils étaient à l'abri de Mme Mathilde et de ses caprices, de Gisèle et de ses remarques aigres-douces, de maître Gaillard et de ses colères.

Adrien retrouva les deux bols, la couverture dans laquelle il s'enveloppa, et même la poupée. Celle que Nina avait laissée volontairement sur place au lieu de l'emporter dans sa nouvelle maison, au bord de l'eau. Une poupée qui à présent lui appartenait, et qu'il serrait contre sa poitrine, éperdument.

— Adrien, Adrien!

Il entendait la voix de son père mais il ne bougeait pas ; c'était la faute de son père si Nina était partie et qu'elle ne rentrait pas à la maison.

Il le haïssait ; il avait assez de forces pour haïr, à présent.

C'était une haine si violente qu'elle emplissait son petit cœur et descendait dans le corps tout entier.

Elle lui tenait chaud. Grâce à elle, il pouvait tenir le temps nécessaire.

Je ne remonterai jamais. Et personne ne pensera à me chercher ici. Seule Nina connaît ce puits. C'est elle qui l'a trouvé.

Que ferait-il si elle ne venait pas ?

Il repoussa cette idée. C'était impossible. Nina viendrait…

Il avait en elle une foi absolue. Un peu comme celle que Mme Gaillard avait pour Dieu.

Il serra la poupée contre sa petite poitrine et il attendit.

16

Bien plus tard, Adrien raconterait à Nina sa nuit de la Saint-Jean, au fond du puits. Il se souviendrait de chaque détail, comme si sa mémoire avait commencé à cet instant de totale solitude.

— J'ai senti que toi et moi on faisait une seule personne. Bien sûr, je n'aurais pas pu l'exprimer avec mes mots d'enfant, d'ailleurs je parlais à peine, mais c'était une sensation puissante qui me protégeait. Et je n'avais même pas peur, puisque nous étions ensemble, et que rien de mal ne pouvait m'arriver.

Nina pourrait alors comparer leurs deux nuits : Adrien, dans une solitude choisie, et elle à qui avait été imposée cette horrible présence...

Ce soir-là, à l'auberge *La Belle Angèle*, la fête dura jusqu'après minuit et les femmes tombaient de fatigue. Mais les musiciens continuaient à jouer, inlassablement, et les jeunes gens à danser au son des accordéons pendant que les mariniers s'écroulaient sur la table, entre les verres renversés. De temps en temps une voix avinée amorçait une chanson vite interrompue.

— On s'occupera de la vaisselle demain, annonça Angèle, maintenant il est temps de se mettre sous les draps !

Elle s'adressait à Nina et à Sylvette, l'autre servante, qui avait une quinzaine d'années et qu'elle houspillait encore plus que la fillette. Seulement les mariniers appréciaient Sylvette, qui n'était pas farouche et se laissait trousser, la nuit, au bord de la rivière. Angèle faisait semblant de ne rien remarquer. Ça fidélisait la clientèle. Et puis, les mariniers avaient besoin sinon d'amour, du moins de sexe. Ils menaient une vie si dure, si dangereuse ! Quoi de plus normal pour une femme que de se soumettre à leurs appétits ? Elle aussi avait eu la cuisse légère... Hélas, les hommes se détournaient d'elle, à présent, préférant la chair plus fraîche... mais, de temps en temps, elle parvenait encore à séduire l'un ou l'autre... qu'elle emmenait dans la chambre conjugale.

L'auberge de la belle Angèle sentait le soufre, aurait dit monsieur le curé.

Nina respirait ces odeurs sans comprendre. Mais, aux sourires et aux remarques de Sylvette, elle devinait que des choses mystérieuses se déroulaient, loin de ses yeux.

Cette nuit-là, elle monta dans sa chambrette, sous les toits, où une lucarne donnait sur la rivière. Mais Nina se gardait bien de grimper sur la chaise pour contempler le Lot.

Le mobilier de la chambre était composé d'un coffre en osier, d'un lit étroit et d'une chaise.

— C'est suffisant, avait déclaré tante Angèle. Moi, je n'ai pas eu davantage, et je devais partager ma chambre avec mes sœurs ! Toi, au moins, tu es seule !

Nina dormait. Elle rêvait ; elle vivait dans une grande maison qui ressemblait à celle qu'elle avait dû quitter, remplie de beaux meubles et de linge parfumé à la lavande. Aucune odeur étrange n'y traînait, aussi respirait-elle à pleins poumons, heureuse d'être revenue aux sources. Cette demeure portait son prénom, depuis que maître Gaillard avait fait poser une plaque où l'on pouvait lire *Villa Nina*.

Un bruit la réveilla en sursaut; quelqu'un avait poussé la porte de sa chambre.

Sa porte. Et des pas s'avançaient vers elle, plus lourds que ceux de la tante Angèle ou de Sylvette.

Elle n'eut pas le temps de parler, voire de crier, que déjà le visiteur surprise se glissait à ses côtés dans le lit étroit, l'écrasant à moitié. Elle poussa un petit cri, mais une main ferme se posa sur sa bouche et elle entendit :

— Chut ! Si tu sais te taire, tu seras récompensée. Si tu parles, je me fâcherai et je raconterai que tu t'es mal comportée, et on te jettera à l'orphelinat. Ce n'est pas ce que tu veux, et moi non plus, parce que je t'aime bien, ma petite Nina.

Elle avait reconnu la voix d'Yves, et son odeur, un mélange de sueur et de vin, de pieds mal lavés et d'haleine sale.

Une terreur sans nom monta en elle. Elle ne connaissait rien aux mystères du sexe, mais d'instinct elle comprit qu'Yves venait lui faire du mal, ce que tante Angèle appelait, en riant, « passer à la casserole ».

— N'aie pas peur ! Je ne suis pas un monstre... je suis un gentil garçon, ton gentil cousin, ajouta-t-il dans un souffle avant de presser ses lèvres sur celles de l'enfant.

Nina étouffait sous cette étreinte, respirant par le nez avec difficulté, dans cette chambre trop chaude où aucun souffle d'air frais ne pénétrait. Même si elle avait voulu crier, elle n'aurait pu le faire, tant ce corps lourd, encombrant, pesait sur elle, sur sa bouche, sur sa poitrine. Les mains pressaient son ventre, descendaient entre ses cuisses et cherchaient quelque chose ; une ouverture.

Il la trouva. Elle était minuscule, comme une fleur fermée.

Mais Yves n'était pas poète ; il avait été élevé dans l'odeur du sexe, chez lui et dans les autres auberges qui parsemaient ses voyages. Et surtout il était devenu l'objet, le favori d'un marinier qui en avait fait sa chose, sans lui demander son avis, le menaçant de mort s'il osait se plaindre à son père.

Yves connaissait donc les choses de l'amour physique, avec les hommes, mais aussi les femmes d'âge mûr qu'il croisait dans les auberges.

Mais il manquait une petite fleur à sa collection.

Une fleur qui lui appartiendrait.

Déjà il était sur elle, écartant les cuisses d'un geste sec et essayant de forcer le passage ; il en avait tellement envie ! Et plus encore, il avait envie de lui clore le bec, à cette petite garce.

En faisant d'elle sa chose, elle n'oserait le trahir. Rien ne filtrerait de ses amours avec le marinier.

Nina étouffait ; l'air lui manquait et elle était en train de s'évanouir, quand soudain le corps s'abattit à ses côtés ; elle inspira. Elle n'était pas morte.

— Pour cette fois, tu y as échappé, mais je reviendrai et tu y passeras, je te le promets.

Yves se leva et du même pas lourd il quitta la chambre.

Nina respirait, affolée. Elle se sentait mouillée. Un liquide épais poissait ses cuisses.

Elle n'osait se lever pour aller jusqu'à la cruche d'eau posée sur la chaise, qu'elle montait chaque soir. Elle resta donc les doigts souillés, les cuisses sales, jusqu'au petit matin où elle s'endormit, vaincue par la fatigue.

Il lui fallut beaucoup d'années pour comprendre.

Que s'est-il passé ? Qu'a-t-il fait ?

La tante Angèle, ce matin-là, toute guillerette d'avoir passé la nuit dans les bras de son mari, s'exclama en la voyant entrer dans la cuisine :

— Quelle tête tu fais, ma petite ! On dirait que tu as vu le loup !

Ce rire s'incrusta dans la tête de Nina.

Elle comprit que le silence serait son seul allié. Se taire, et espérer. Mais espérer quoi ?

Je veux qu'il meure, pensa-t-elle si fortement qu'elle crut avoir parlé. Elle tressaillit, observa la tante Angèle qui lui sourit, de bonne humeur pour une fois.

Elle était vraiment seule. Et personne ne viendrait à son secours. Si elle parlait, tante Angèle ne la croirait pas, et peut-être même serait-elle sévèrement punie et envoyée à l'orphelinat. Sylvette lui avait raconté que c'était une maison horrible, pleine d'enfants abandonnés dont personne ne voulait.

Plutôt mourir. S'il revient, je me jetterai par la fenêtre.

Elle calcula dans sa tête : dès qu'elle entendrait les pas lourds monter l'escalier, elle se lèverait, grimperait sur la chaise et se laisserait glisser au-dehors.

Elle atterrirait dans le jardin.

Serai-je morte ? Si je ne le suis pas, je m'enfuirai.

Elle se souvint du puits.

Ce serait sa cachette. Elle y emmènerait Adrien.

Ils y resteraient le temps qu'il faudrait. De temps en temps, rarement, elle en sortirait pour chercher de la nourriture.

Ils seraient sauvés, ensemble. Ils n'auraient besoin de personne.

La nuit, parfois, ils iraient se promener sous le ciel qui les protégerait, main dans la main. Le temps de se remplir de la paix de la terre, puis ils rentreraient chez eux, au fond du puits.

— À quoi rêves-tu, Nina?

Tante Angèle la dévisageait avec insistance.

— À rien, ma tante, à rien.

La belle Angèle se mit à ricaner:

— Ici, on ne rêve pas, mon enfant, on travaille! Allez, ouste, va préparer les tables!

Nina ne se fit pas prier, elle se leva, emportant son rêve serré contre son cœur, tout près.

Et personne ne pourrait le lui arracher.

17

— Vous prétendez que ma fille ne recouvrera jamais la vue ?

— Je crains que non, monsieur, et je comprends et compatis à votre douleur de père.

Le Russe serra ses mains à en faire craquer les jointures. Un bruit sec s'éleva dans la pièce qui servait de bureau et de cabinet médical à l'éminent ponte de l'hôpital des Quinze-Vingts. Le professeur avait été recommandé au Russe pour ses compétences de spécialiste des yeux ; il était réputé jusqu'à Bordeaux.

Le Russe ne répondit pas, essayant de digérer cette nouvelle. La route avait été longue avant d'atterrir ici, dans cet hôpital créé par saint Louis – il s'était renseigné sur ses origines – et devenu rapidement un établissement voué aux aveugles, ces pauvres gens livrés à eux-mêmes dans les rues mal famées du Paris d'alors. L'endroit ressemblait à une caserne, ce qu'il avait été puisqu'il avait abrité les mousquetaires noirs.

Croyant le consoler ou du moins l'apaiser, le célèbre professeur avança :

— Sur le boulevard des Invalides nous avons un institut des jeunes aveugles et…

Le Russe l'interrompit brutalement :

— Je ne confierai ma fille à personne, je la ramène à Bordeaux, à la maison…

Qu'allait dire Hortense lorsqu'elle réaliserait que ce long voyage n'avait servi à rien et qu'il lui ramenait sa fille dans le même état que le jour du départ ?

Il en frissonna. Puis jeta un coup d'œil à Tatiana, assise à côté de lui, immobile et silencieuse. Elle avait compris que l'espoir était mort en même temps que ses yeux.

Aveugle.

Le Russe en avait le cœur au bord de l'estomac, avec une forte envie de se pencher et de vomir ses tripes sur le parquet ciré. Mais déjà le docteur se levait, et il fit de même, dans une sorte de mimétisme.

— Si je peux vous donner un conseil, cher monsieur…

Le Russe faillit lever une main pour lui intimer de se taire, mais déjà l'autre achevait :

— Votre fille aura besoin, à vie, d'une aide dévouée, qui la secondera, lui servant de regard… Une jeune fille qui pourra aussi devenir sa confidente, son amie intime… Sinon elle risque de sombrer dans la mélancolie, et ce serait dommage pour une si jolie enfant !

D'un geste presque paternel, il passa une main rapide dans les cheveux de Tatiana. Quelle malchance ! Mais les desseins de Dieu sont impénétrables !

En dépit de sa culture scientifique, le professeur était resté croyant, et pas loin de penser que Dieu punissait le père à travers sa fille.

Le Russe saisit la main de Tatiana.

Il serait son guide. Déjà il la conduisait à travers le dédale des couloirs, où d'autres aveugles déambulaient au bras de soignantes, avec le regard vide de ceux pour qui l'horizon n'est que brouillard.

Il hâta le pas, tirant la fillette, et elle se laissa faire.

Aveugle. Jamais plus je ne verrai la lumière, les fleurs, les oiseaux. Plus jamais. Je serai dans la nuit du matin au soir, irrémédiablement. Et personne ne me rendra mes yeux.

Dehors, l'été brillait. Ce soir on allumerait des feux autour desquels les gens chanteraient et danseraient, en buvant et en riant. Le Russe songea à cette joie qui lui était refusée, à lui mais aussi et surtout à Tatiana.

Il ralentit le pas pour ne pas essouffler l'enfant. Sa précieuse et délicate Tatiana. Soudain la fillette s'arrêta et déclara :

— Vous entendez les oiseaux, père ?

Le Russe tendit l'oreille. Oui, il les entendait et en était presque irrité. Comment les oiseaux osaient-ils siffler alors que sa fille…

— Je n'ai plus d'yeux, ou plutôt mes yeux ne veulent plus voir, mais j'ai des oreilles qui veulent bien entendre…

Le père écoutait sa fille, et peu à peu se laissait consoler par cette voix chantante.

— Père, je veux étudier la musique. Je chanterai, peut-être pas aussi bien que les oiseaux, mais j'y mettrai tout mon cœur ! Et j'oublierai que je suis aveugle ! Et vous aussi, père, vous oublierez…

Et devant les passants médusés qui s'étaient arrêtés pour la contempler, elle se mit à chanter un refrain populaire que sa mère lui avait appris, en français. Puis, sans transition, elle entonna un chant russe. Quand elle s'arrêta, la petite foule amassée autour d'elle se mit à applaudir.

Elle ne les voyait pas mais elle les entendait. Et son cœur se remplit de joie ; même aveugle, elle pouvait être en communion avec les autres, grâce au chant.

Je ne serai jamais seule. Je jouerai du piano, je chanterai, je donnerai de la joie. Et ceux qui m'écouteront en oublieront mes yeux vides.

C'était une pensée si douce qu'elle sourit. L'avenir n'était pas mort.

Dans la chambre d'hôtel où il était descendu avec sa fille, le Russe ne parvenait pas à trouver le sommeil. Trop de pensées le harcelaient. En tant que père, il devait aider sa Tatiouchka et lui rendre la vie plus supportable. La musique serait un excellent exutoire. Mais ce n'était pas suffisant.

Il songea aux recommandations du professeur ; une compagne douce et tendre qui serait comme une sœur pour Tatiana, elle qui était fille unique. Elle avait besoin d'une enfant de son âge, pour bavarder, jouer aussi et vivre une enfance presque normale. Elle ne pouvait rester seule, coincée entre ses parents, livrée à sa mère qui avait des accès de mélancolie suivis de colères.

Mais il avait beau passer en revue dans sa tête les camarades de sa fille, aucune ne pouvait remplir ce rôle. Leurs bourgeois de parents ne leur permettraient jamais de devenir la petite « servante » de Tatiana. Peut-être seraient-ils même réticents à la laisser l'approcher. Une enfant aveugle n'est plus tout à fait une personne comme une autre… Et Tatiana qui aimait tant la compagnie de ses petites camarades en souffrirait.

Il poussa soudain un petit cri ; il avait trouvé la perle rare ! La solution à tous ses problèmes !

Il y avait dans la bonne ville de Cahors, en plein cœur de ce pays de vignes, une fillette du même âge que la sienne, prénommée Nina ; une enfant trouvée et recueillie par les Gaillard.

Il ne ferait qu'une bouchée des Gaillard ; il saurait trouver les arguments convaincants, et ils lui confieraient la fillette. Il prendrait en charge, évidemment, l'avenir de Nina. Elle ne manquerait de rien, il lui fournirait une dot, au besoin. Les Gaillard n'auraient plus à se préoccuper de son éducation, il veillerait sur son avenir.

Tatiana et Nina grandiraient ensemble, main dans la main. Il se souvenait de Nina et de leur promenade dans le cloître de la cathédrale Saint-Étienne ; il l'avait dessinée, si sage, si douce, mais pétrie de curiosité. Elle levait sur le monde des yeux si lumineux ! Elle lui avait fait penser à un oiseau.

Heureusement, les Gaillard ont eu un fils. Connaissant le caractère de maître Gaillard, il ne fera pas de difficulté pour me laisser la fille. Il n'aime pas les pisseuses, comme il dit.

Le Russe poussa un soupir de soulagement et s'endormit brutalement, délivré.

Tatiana supporta sans se plaindre le long trajet en diligence, et les nuits passées dans des relais de poste peu confortables. Son père lui avait annoncé la bonne nouvelle. Ils allaient chercher une petite fille à Cahors, qui deviendrait son amie. Elle s'appelait Nina et elle viendrait s'installer à Bordeaux, chez eux.

Tatiana avait acquiescé, ravie que son père ait recouvré sa gaieté, comme si la présence de cette Nina allait lui rendre la vue, à elle. Elle était soulagée de constater que son père avait accepté ce mauvais sort et qu'il ne s'acharnait plus contre la fatalité comme il l'avait fait jusqu'alors, la traînant de médecin en médecin.

C'était fini ; tout allait pouvoir recommencer, ou continuer, mais différemment. Avec Nina, puisqu'elle avait besoin d'une paire d'yeux pour vivre comme les autres.

En arrivant à Cahors, la première personne qu'ils croisèrent fut Léonie. Le Russe lui fit signe, et l'ayant reconnu, Léonie courut vers lui. Il avait à peine mis pied à terre qu'elle lui racontait déjà l'histoire du fils Gaillard.

Puis soudain, avisant la fillette au regard absent, elle s'écria :

— Pauvre demoiselle ! Et moi qui vous embête avec mon histoire, mais ça me tourne le sang, ce pauvre petit qu'on a sûrement volé, pour en faire quoi, je vous le demande…

— Et Nina ?

— Nina n'est plus chez les Gaillard, ou plutôt elle est chez d'autres Gaillard, le frère de maître Gaillard, le marinier. Ils s'en sont débarrassés. Depuis la naissance de leur fils, elle les gênait, conclut-elle, soulagée de pouvoir enfin exprimer le fond de sa pensée.

Elle poursuivit :

— Je n'ai pas le droit de le dire, mais c'est ce qu'ils ont fait, et ce n'est pas très joli : ils l'ont envoyée chez la tante Angèle, qui n'est pas vraiment une sainte... La pauvre petite ! Parfois je me dis que j'aurais mieux fait de l'amener à monsieur le curé, ce jour où je l'ai trouvée.

— Mais non, Léonie, tu as bien fait.

Il jubilait. L'affaire serait conclue rondement. Seulement il restait un détail, de taille : retrouver ce petit garçon... Car si le fils ne réapparaissait pas, il était probable que les Gaillard reprendraient la fillette !

II

LES TEMPS INCERTAINS

1

Nina lisait la lettre et, littéralement, n'en croyait pas ses yeux.

15 décembre 1870

Ma chère Nina, ma Ninouchka bien-aimée,

Cette lettre va te surprendre et plus encore t'épouvanter, mais je t'en prie, fais-moi confiance et lis jusqu'au bout. Je suis sûr que si tu comprends mes raisons tu ne pourras que m'approuver, car pour ma part je suis convaincu, avec une certitude inébranlable, de faire le bon choix et d'agir justement.

J'aurais pu t'en parler de vive voix car j'ai l'intention de venir te voir mais je préfère t'avertir dès à présent, et à vrai dire je crains un peu ta réaction, c'est-à-dire ta colère...

Voilà, je me jette à l'eau : la délégation du gouvernement de défense nationale, dirigée par notre cher Gambetta, un grand homme né chez nous, à Cahors, ministre de la Guerre, s'est installée à Bordeaux depuis début décembre. C'est aussi à Bordeaux que se trouve un centre de recrutement de la défense nationale. Les nouvelles recrues y reçoivent une formation avant d'aller combattre.

Tu as sans doute compris, à présent, mes intentions, et je t'imagine en train de serrer tes lèvres, déjà, avant même de poursuivre ta lecture : oui, ma Ninouchka, je vais aller combattre aux côtés de mes frères d'armes pour gagner cette guerre injuste, imposée par cet horrible Bismarck. En cela, je ne fais que suivre les ordres de Gambetta qui prône la résistance acharnée à l'envahisseur prussien. Nous ne pouvons et ne devons pas abandonner à nos ennemis notre beau pays qu'ils mettent à feu et à sang. Je t'épargne les détails mais sache que si nous ne gagnons pas cette guerre, la France y perdra beaucoup, et peut-être son âme. Les Prussiens veulent nous dominer et faire de nous leurs esclaves. Nous nous y opposons et nous vaincrons, quel que soit le sang à verser.

Tu frémis, tes yeux jettent des éclairs, et tu m'en veux terriblement. Mais je te le promets, je te le jure, comme autrefois, quand nous étions enfants, il ne m'arrivera rien : je gagnerai cette guerre, et je reviendrai en brandissant un drapeau prussien. Et tu seras fier de moi ! Et tu admettras que j'ai eu raison de me ranger du côté du bien, face au mal et à la barbarie prussienne !

Plus encore, je rêve de combattre aux côtés de Garibaldi, dont je t'ai déjà parlé dans mes lettres, et que tu n'apprécies pas trop, je l'ai compris à tes réponses. Non, ce n'est pas un exalté, même s'il est passionné et qu'il lutte, en vrai républicain, au nom de l'honneur et de la liberté. Je rêve de faire partie de son armée, même si, comme les journaux le disent, elle est composée d'étrangers de toutes nationalités. Je dirais que cette spécificité m'attire et me séduit, ainsi je vivrai au contact de gens unis pour défendre les intérêts de la France.

Arrivé à ce stade de la lettre, je devine que ta colère est en train de faire place au chagrin, et que bientôt des larmes couleront sur tes joues. Et je ne serai pas là pour te tendre un mouchoir et te voir les essuyer. Je le regrette, mais comment faire autrement?

Toi qui aimes tant notre terre, supporterais-tu de voir l'envahisseur fouler nos vignes, traverser notre pont Valentré pour venir souiller notre ville, buvant notre vin dans les tavernes et se comportant en vainqueur? Cette image t'est aussi odieuse qu'à moi! C'est bien pour cette raison que j'ai fait ce choix!

Évidemment, je viendrai t'embrasser avant de partir vers l'est. Non que je craigne de ne plus revenir, mais surtout pour emporter ton image dans mon cœur.

Puisque tu me comprends, je n'ai pas besoin de te demander pardon.

Je te serre dans mes bras, ma Ninouchka.

Ton Adrien.

Nina laissa tomber la lettre sur le guéridon.

— Que se passe-t-il, Nina? Une mauvaise nouvelle?

Tatiana posa son regard éteint sur sa compagne, et continua:

— Il s'agit d'Adrien, n'est-ce pas?

Pour toute réponse, Nina se mit à sangloter. Tatiana s'assit à ses côtés sur le canapé à deux places qu'elles avaient fait installer dans le petit salon jouxtant leur chambre, et d'un geste protecteur enveloppa les épaules de Nina de ses bras. C'était souvent elle qui tenait le rôle de celle qui rassure, console et conseille. Elle avait acquis au cours des années une profonde connaissance du cœur humain, à force d'écouter ceux qu'elle ne voyait plus. Elle arrivait à sonder leur âme sans avoir à décrypter leur visage, rien qu'au son de leur voix, aux tonalités de leur discours, et bien sûr à leur façon de se mouvoir, avec ou sans bruit, leur manière d'être au monde, comme elle disait.

— Oui, Adrien m'écrit qu'il veut se battre… Au nom de la liberté et de l'honneur, il va se faire tuer !

Tatiana resserra son étreinte, et Nina laissa couler librement ses larmes ; ça faisait tellement de bien ! Son Adrien allait partir, risquer sa vie, et elle se sentait si impuissante, elle qui n'avait pas su, pu, le retenir.

— Il reviendra !

La voix de Tatiana était pénétrée par une telle certitude que les pleurs de Nina s'arrêtèrent net.

— Comment peux-tu en être certaine ?

Mais elle n'était pas vraiment étonnée. Tatiana, plus d'une fois, avait su deviner l'issue d'une histoire. Pas plus tard que la semaine précédente, elle avait appris à Nina que son prétendant, un négociant bordelais d'une trentaine d'années, allait faire sa demande de mariage dans les vingt-quatre heures, prédiction qui s'était révélée exacte. Tatiana avait ri : « Ce n'était pas si difficile, il n'y avait qu'à voir comment il te regarde ! »

Image qui aurait semblé stupide puisque, précisément, Tatiana ne voyait rien.

— Je le sais. Toi et lui c'est pour la vie, et rien, pas même les Prussiens, ne peut changer cette évidence ! D'ailleurs, dis-moi, ma chère Nina, pourquoi, pour qui d'autre qu'Adrien aurais-tu refusé d'épouser Hector Manet ?

C'était la première fois que Tatiana s'exprimait de manière aussi directe. Mais la situation l'exigeait ; elle devait faire comprendre à cette naïve Nina ses sentiments, et ceux d'Adrien. Évidemment, Adrien était encore bien jeune, mais déjà en âge de se battre, et d'aimer. Et Nina avait vingt ans. Comme elle qui se marierait au printemps prochain, quand cette maudite guerre serait terminée.

Nina ne songeait plus à pleurer. Adrien et elle… était-ce de l'amour ?

Tatiana ne semblait pas en douter. Et Tatiana la connaissait mieux que personne, mieux qu'elle-même ! Elles avaient grandi ensemble, main dans la main, et elles n'avaient pas de secret l'une pour l'autre.

— Adrien et toi, c'est de l'amour, Nina, je n'en doute pas une seconde. Ça crève les yeux !

Comme Nina restait silencieuse, ne souriant même pas à son trait d'humour, elle ajouta :

— C'est toi qui l'as sauvé, ce jour-là, quand il était au fond du puits, et que personne ne le retrouvait. Si tu n'avais pas compris qu'il s'était caché dans ce trou, il y serait encore !

C'était vrai.

Nina songea à cette incroyable journée où elle avait vu apparaître le Russe à l'auberge. Elle était en train de tirer de l'eau du puits, pour la soupe du soir. Elle peinait, et soudain des mains fortes avaient saisi le seau, et elle avait entendu :

— Nina, ma Ninouchka, que je suis heureux de te revoir, laisse-moi t'aider…

On avait retiré Adrien du puits. Il avait survécu, bravement, léchant l'eau qui suintait des parois de pierre, dormant sur le coussin, enveloppé dans la couverture, et attendant l'arrivée de son sauveur ; Nina.

Il n'avait eu d'yeux que pour elle quand il était réapparu à l'air libre, clignant des paupières sous le soleil. Et pendant que Mme Gaillard sanglotait éperdument, que maître Gaillard hésitait entre la colère et le soulagement, et que tous se félicitaient de l'heureuse issue de l'aventure, Adrien sautait dans les bras de Nina.

Elle se souvenait des mots qu'il avait chuchotés dans son oreille : « Je t'attendais, Nina. Et tu es venue ! »

2

Maître Gaillard avait décidé d'effectuer en personne une tâche qu'il aurait pu confier à un de ses valets de ferme. Mais il éprouvait une envie viscérale de se confronter à la terre, sa terre.

Il ne serait pas seul. Il avait bien pensé se faire accompagner par le fidèle Léon, mais ce dernier ne travaillait pour lui que trois demi-journées par semaine, occupé qu'il était par sa propre vigne et les champs de tabac qu'il mettait en culture. Une idée qui laissait maître Gaillard perplexe. Pour lui, seule la vigne méritait de figurer sur terre ! D'autant plus qu'il ne fumait pas, au contraire de Léon qui ne se séparait jamais de sa pipe.

Nestor, son cheval, était un bon compagnon. Il ne parlait pas pour ne rien dire, et n'évoquerait pas ce traité de paix qui allait être signé entre l'Allemagne et la France, et qui faisait suite à cette désastreuse guerre, et au plus encore désastreux armistice.

Toujours, quand il songeait à cette guerre, maître Gaillard oscillait entre la rage et le désespoir, la colère et le chagrin. Cette guerre insensée, voulue par les puissants, en l'occurrence l'empereur Napoléon – aussi déraisonnable que son oncle, en définitive – et l'horrible Bismarck, qui lui avait pris son fils unique.

La colère souvent l'emportait sur les autres sentiments. Son fils lui avait désobéi, avait fui, en laissant une lettre sur son lit, dans laquelle il disait que son devoir de Français était d'aller bouter l'ennemi hors de France, une expression si désuète que son père avait failli en rire. Ensuite, il s'était mis dans une colère noire, devenant si rouge, cramoisi, que sa femme avait craint une attaque d'apoplexie. Son fils, si brillant, un élève excellent, dont ses professeurs faisaient l'éloge, allant jusqu'à comparer ses capacités intellectuelles à celles de Gambetta, lequel avait fait ses études dans le même lycée. Cet imbécile avait gâché sa vie en voulant jouer à l'homme, au guerrier, simple soldat de seconde classe qu'il était!

Maître Gaillard, à ce stade de la pensée, finissait toujours par soupirer: l'imbécile s'était fait capturer par l'ennemi. Prisonnier de guerre quelque part en Prusse, loin du monde civilisé, à croupir dans un camp. Et la France était vaincue, occupée en partie par le vainqueur, avec l'obligation de payer des millions de francs-or et de livrer les belles provinces d'Alsace et une partie de la Lorraine! Autant dire qu'on lui arrachait les entrailles!

Maître Gaillard essaya de chasser ces pensées funestes, pour se concentrer sur son ouvrage. Désherber les vignes au printemps était aussi important, sinon davantage, que de labourer la terre à la fin des vendanges. Un exercice essentiel pour éviter l'érosion des sols, ramener la terre autour des ceps et débarrasser les allées de toute mauvaise herbe.

On était au mois de mars 1871, et le ciel s'étirait d'un bleu profond au-dessus des vignes qui renaissaient après ces longs mois d'attente. Heureusement, ici, la terre n'avait pas souffert de la guerre, au contraire d'autres provinces qui avaient dû supporter les combats et avaient vu le sang couler. À Cahors ils avaient été à l'abri de toutes ces exactions, mais ils en avaient eu des échos par les journaux, les colporteurs et les marchands, et aussi depuis peu par le retour des soldats qui avaient eu la chance de survivre, même si certains étaient en piteux état, alors que beaucoup d'autres avaient succombé ou, comme son pauvre Adrien, étaient retenus en captivité.

Maître Gaillard inspira largement l'air frais. Les grosses chaleurs n'étaient pas encore de retour et il fallait savourer ce répit entre les pluies de l'hiver et les températures extrêmes de l'été. Nestor aussi avait besoin de s'arrêter un instant, lui qui tirait la herse.

— Dieu, que t'ai-je fait pour que tu m'envoies une telle épreuve ? Je me confesse avant Pâques, chaque année, pour recevoir la sainte communion l'âme pure, je donne aux pauvres et à l'Église, je ne commets aucun mal. Et malgré ma bonne conduite, tu me punis ! À travers mon fils unique !

Et la question, malgré lui, s'imposa dans son esprit :

— N'ai-je pas bien élevé mon fils ?

Il avait beau se questionner, il ne trouvait rien qui puisse expliquer la mauvaise conduite d'Adrien, sa désobéissance.

— C'est à cause de Nina !

Il respirait maintenant avec plus de légèreté, il avait trouvé la coupable. Nina était la cause de ce désastre !

Maître Gaillard se remit à son ouvrage. Nina ! Pourquoi avait-il laissé Adrien la revoir après cette malheureuse chute dans le puits ? Nina était alors partie pour Bordeaux avec le Russe mais il avait eu la faiblesse de lui permettre de revenir chaque été. Elle logeait chez Léonie, mais elle passait la journée avec Adrien et lui farcissait le crâne avec ses idées folles.

— Les bonnes femmes sont toutes les mêmes ! marmonna-t-il en avançant dans la travée, guidant son cheval entre les deux rangées de ceps. Et ce n'est pas Léonie qui va lui faire entendre raison !

Il connaissait peu Nina, mais suffisamment pour savoir qu'elle n'avait qu'une idée en tête, lui voler son fils unique. Elle était bien attrapée, à présent ! Adrien leur avait échappé à tous deux !

La rage le reprenait d'avoir été mis devant le fait accompli, son fils envolé, la lettre sur le lit.

Comme pour se consoler, il reprit :

— Ton fils est vivant ! Et pas même blessé, selon le rapport de son capitaine de bataillon. Seulement prisonnier.

Mais dans quelles conditions était-il détenu ? Il n'avait pu obtenir aucun détail. L'armée, désorganisée, ne semblait pas se préoccuper de ses prisonniers. Il fallait s'occuper des morts et du traité de paix, pactiser avec l'ennemi qui occupait le territoire, trouver une sorte d'entente avant le prochain *casus belli*.

— Adrien rentrera, lui avait promis sa femme, je vous l'assure, mon ami.

— Dieu vous l'a promis ? avait-il ricané.

Elle avait secoué la tête d'un air douloureux :

— Ne vous moquez pas, mon ami ! Mes prières ont été entendues, puisque notre fils est vivant. S'il était mort, avait-elle affirmé, je le sentirais, dans toutes les fibres de mon corps. Je suis sa mère, et une mère ressent ces choses-là. Adrien nous reviendra, sain et sauf, et plus fort qu'avant, affermi par ces épreuves.

— Bonjour, maître Gaillard !

Il sursauta ; il avait oublié qu'il jouxtait à présent une parcelle qui appartenait à Léon.

Son visage s'éclaira.

— Vous tombez à pic, Léon, j'ai une petite soif !

Il désigna la cazelle :

— J'ai toujours une bouteille de vin, et deux verres !

Il était heureux de cette rencontre ; Nestor était un bon compagnon, mais il avait besoin de discuter avec un être humain. Et Léon fréquentait assidûment le café, il en rapportait nouvelles et ragots qu'il aimait partager.

— Ce qui est réconfortant, commença Léon quelques instants plus tard, un verre à la main dans lequel la robe noir intense du vin ressemblait à du sang, c'est que l'on continue à boire nos cépages, et que les teutons ne crachent pas dessus. Forcément, avec leur vin de la Moselle, un blanc au goût de glace, ils ont besoin d'un breuvage plus puissant à se mettre dans le gosier ! Et rien ne peut égaler notre malbec ! Nous avons perdu la guerre, maître Gaillard, mais nous avons gardé nos vignes, n'est-ce pas l'essentiel ?

Ils trinquèrent. Un moment de paix, mais sitôt son verre vide, les pensées de maître Gaillard se tournèrent à nouveau vers son fils, avec cette question lancinante : où était-il ? Était-il seulement vivant ? Et à quoi rimait cette prospérité acquise à force de travail acharné si son fils ne pouvait en profiter ?

3

— Ninouchka !

Nina leva les yeux de son livre et sourit. Elle aimait ce surnom tendre que lui avait donné le Russe.

Elle se souvenait de cette journée mémorable où son destin avait basculé.

Elle était rentrée à Cahors, dans cette maison qui avait été la sienne avant que maître Gaillard ne décide de la renvoyer. Et elle avait, sans hésiter, conduit les recherches vers le fond du jardin. Elle avait deviné qu'Adrien s'était réfugié dans leur cachette secrète, au fond du puits. Où serait-il allé sinon ? C'était là qu'il l'attendait, elle, Nina.

Et elle ne s'était pas trompée.

Soulagé d'avoir retrouvé son fils vivant, maître Gaillard avait accepté la proposition du Russe, et lui avait permis d'emmener Nina.

— Vous faites une bonne action. Nina sera très utile à cette petite fille aveugle, avait conclu Mme Gaillard qui préférait savoir Nina chez le Russe plutôt qu'à l'auberge de la belle Angèle.

— Une lettre, ma Ninouchka ! Écrite de la propre main d'Adrien. La bonne vient de me la remettre !

Tatiana tendit l'enveloppe à Nina. Elle avait été envoyée d'Allemagne et portait le tampon du ministère des Armées. Devait-elle la lire à haute voix comme toutes les précédentes? Nina hésita. Elle préférait rester seule à seul avec Adrien...

— Je te laisse, ma Ninouchka, tu me raconteras...

Tatiana, déjà, s'était éclipsée. Douce et tendre Tatiana, toujours à l'écoute, sensible et attentionnée.

Nina saisit le coupe-papier sur son secrétaire.

Ma Ninouchka,

D'abord, je suis vivant, comme tu peux le constater, et en bonne santé.

Et grâce à nos ennemis!

Je devine ton étonnement en lisant ces mots, et peut-être ton indignation justifiée, au vu de tous les malheurs qu'a connus notre pays – et ce n'est pas fini, on dit qu'à Paris, la guerre continue, mais entre Français cette fois, et que les morts sont nombreux.

Je suis loin de cette tourmente, et guéri. Je m'explique: j'ai contracté la variole au moment d'être fait prisonnier. Nous étions dans le Jura, et nous venions de remporter sur les Prussiens notre dernière victoire avant la fin des combats et l'armistice. Mais Garibaldi et ses fils ont sauvé l'honneur jusqu'au bout!

La dernière victoire de l'armée française! Et j'y ai participé!

Ça n'a pas suffi, hélas.

Mais revenons à la variole. Tu sais, ou tu ne sais pas, que beaucoup de soldats ont succombé à l'épidémie au cours de la guerre. Moi aussi j'en serais mort si je n'avais pas eu la chance, oui je dis bien la chance, de tomber entre les mains de l'ennemi.

Parce que le médecin allemand, dès qu'il a diagnostiqué mon mal, au début donc, s'est empressé de m'administrer une dose de rappel du vaccin, afin d'enrayer le processus mortifère.

« Les médecins français, m'a-t-il appris, ignorent l'utilité du rappel, et qu'il faut deux doses pour que le vaccin soit réellement efficace. Espérons que ce rappel vous sera bénéfique, qu'il n'arrive pas trop tard ! Tant de vos camarades français sont morts, et je peux même affirmer que votre capitulation est due en partie à la mauvaise organisation de vos services sanitaires ! Nous, corps médical allemand, sommes autonomes alors que celui des médecins français est soumis à l'intendance militaire. Et nous savons ce que vaut votre intendance ! »

Il est parti d'un gros éclat de rire, comme s'il énonçait une farce. Mais comment lui donner tort ? Nous avons perdu la guerre pour de multiples raisons, la variole, mais aussi, et tu vas sourire tellement ça paraît incroyable, par manque de cartes ! L'état-major français ne disposait pas de cartes géographiques mises à jour, au contraire des Prussiens qui connaissaient parfaitement la topographie des lieux.

À quoi tient l'issue d'une victoire ? À la bonne santé des combattants, et à des cartes !

Je suis indemne, ma Ninouchka !

Vivant mais prisonnier !

Je ne veux pas me plaindre. Je me trouve dans un camp de soldats à Cologne – regarde sur une carte, ma Ninouchka ! – construit par les soldats français au début de la guerre. Nous sommes 14 000, venant de différents coins de France, certains ont été faits prisonniers à Sedan, d'autres à Metz ou Strasbourg, ou du côté de la Loire et du Jura, comme moi.

Évidemment, les officiers ne vivent pas parmi nous mais ont le droit de louer des chambres, voire des appartements, chez l'habitant, en ville. Beaucoup d'entre eux sont déjà rentrés en France, mais nous, soldats, attendons le traité de paix et serons rapatriés dans moins de six mois !

Que dire de l'accueil des Allemands ? Bien sûr, il est mitigé. J'ai entendu, en sortant du train, des cris de haine du genre « Franzosen kaputt ! *». Mais il y a aussi des Allemands compatissants qui nous ont glissé des bouts de pain dans les mains. J'ai pu sympathiser avec une jeune fille qui connaît notre langue, et qui a décidé de me donner des cours d'allemand. En échange je l'aiderai à progresser en français ; elle vient me donner ces cours deux fois par semaine, le lundi et le jeudi, pendant deux heures. Elle est la sœur du directeur du camp, ce qui explique qu'elle puisse y circuler aussi librement. Elle s'appelle Magda et me fait penser à toi avec ses cheveux clairs et ses yeux limpides.*

J'ai tant de choses à te dire, ma Ninouchka, mais je me suis juré de ne pas être trop long ; je t'écrirai demain pour te raconter mon quotidien, mais surtout donne-moi des nouvelles du pays. J'ai tellement hâte de rentrer ! La France me manque terriblement.

Pour l'instant, j'apprends cette langue que je déteste. Je peux te le dire à toi, ma Ninouchka, qui comprends tout, un jour nous aurons notre revanche et elle sera éclatante ! Et nous reprendrons l'Alsace et la Lorraine que les Prussiens veulent nous voler.

Je t'embrasse de toutes mes forces, ma Ninouchka bien-aimée, et te dis à bientôt, au moins par le courrier qui transite par la Suisse.

J'ai la chance de percevoir quelques pfennigs, comme solde de soldat en captivité, moins évidemment qu'un officier, mais c'est mieux que rien ! Seulement la cantine, comme on dit ici, pratique des prix exorbitants... et comme je ne veux rien réclamer à mon père, je suis obligé de me priver... Je ne peux même pas travailler, puisque je suis un étudiant aux mains trop fines, disent mes compagnons de chambrée, en ricanant. Ils n'ont pas tort, je n'ai jamais aimé me servir de mes dix doigts... mon père l'a souvent déploré !

Je t'embrasse encore.

Ton Adrien

— De bonnes nouvelles ? J'ai l'impression que tu souris...

Nina se demandait toujours comment Tatiana pouvait deviner jusqu'à l'air qu'elle avait. Mais c'était un fait : elle voyait !

— Adrien est à Cologne et se porte bien, il a échappé à l'épidémie de variole qui a décimé les rangs de l'armée française.

— Et aussi la population civile ; personne n'est à l'abri... c'est un vrai fléau ! Et on prétend que le vaccin serait de mauvaise qualité, et souvent inefficace...

Elle soupira ; elle rêvait de devenir médecin, mais dans son état, le rêve ne deviendrait jamais réalité ; elle aurait pourtant aimé soigner, guérir, soulager... Sa mère, d'abord, dont les nerfs lâchaient, et qu'on avait dû faire hospitaliser chez les aliénés ; pendant des années, elle n'y avait fait que des séjours temporaires, mais son état avait empiré.

Tatiana en avait été très affectée. Elle n'avait pas abandonné sa mère et lui rendait visite une fois par semaine. Chaque fois, elle en revenait horrifiée par les cris, les odeurs, et, surtout, par l'indifférence de sa mère qui ne reconnaissait même plus sa fille.

— Ninouchka, je te sens un peu inquiète en dépit de ces bonnes nouvelles...

Elle s'empara des mains de Nina et les pressa doucement ;

— N'aie pas peur ! Adrien n'aime que toi. Comment pourrait-il en préférer une autre ?

— Il est en pays ennemi, dans un camp, il souffre... et je suis loin !

Nina se tut. Elle pensait à cette fille, Magda... blonde et douce *Gretchen* qui pansait les plaies des soldats perdus en pays hostile.

La guerre n'est pas finie, songea-t-elle soudain. *Tout peut encore arriver.*

4

Nina contemplait la jeune morte étendue sur le lit, si droite, si immobile.

Pour l'éternité. Et je n'ai même plus de larmes.

Elle avait tant pleuré depuis la veille où Tatiana avait rendu son dernier soupir, dans cette pièce transformée brièvement en chambre d'hôpital, durant les trois jours qu'avait duré la maladie.

La variole s'était déclarée le lendemain où elle avait reçu ce courrier en provenance d'Allemagne, qui disait qu'Adrien était vivant. Tatiana avait partagé sa joie, qui avait été brève puisque, au réveil, le lendemain, elle avait affiché les premiers signes de cette horrible maladie.

« Elle n'est pas la seule atteinte, hélas », avait déclaré le médecin qui avait ajouté qu'il ne se prononçait pas sur l'issue de la maladie. Tant de gens succombaient à la variole sans que la médecine leur apporte secours !

Tout de suite, Nina avait pensé à la lettre d'Adrien où il parlait de ce remède miracle qui l'avait sauvé, lorsqu'il avait été fait prisonnier par les Prussiens ; mais le médecin avait secoué la tête, il n'avait plus de vaccins à sa disposition, le stock était épuisé, il était désolé.

« Et puis une fois le mal déclaré, il est rare que le vaccin soit efficace », avait-il ajouté.

Et la variole avait envahi Tatiana, la jolie jeune fille à la peau si douce et si tendre ; et Nina avait assisté à la progression du mal, bien que son amie l'ait suppliée de s'éloigner d'elle, à cause de la contagion.

« Je ne veux pas que tu meures, Ninouchka, il faut qu'une de nous au moins demeure ici-bas, dans la beauté du monde... »

Et maintenant, Tatiana reposait devant elle, le visage ravagé par la variole, les yeux fermés.

L'abbé, venu pour bénir le corps, lui dit :

— Vous souffrez, mon enfant, mais la douleur est toujours rédemptrice...

Elle l'interrompit brutalement.

— Une douleur rédemptrice ? Croyez-vous que j'aie besoin de souffrir ?

Elle suffoquait mais se redressa, affrontant cet homme en soutane qui ne connaissait rien à l'amour.

Car elle aimait Tatiana, et cela depuis le moment où elle l'avait aperçue, debout derrière son père, au bord du puits. Elle avait deviné que tous deux, le père et la fille, étaient venus pour la sauver des griffes du mal. Et le mal elle l'avait connu, cette nuit-là, quand Yves était entré dans sa chambre et s'était glissé à ses côtés.

Elle en avait eu des cauchemars pendant des années, se réveillant en sursaut, couverte de sueur.

Mais alors elle se rappelait qu'Yves était mort. Il s'était noyé l'hiver suivant son départ, dans le Lot, au cours de ce qui devait être son dernier voyage. Quand le Russe lui avait appris la nouvelle, elle n'avait pas versé une larme, et il n'en avait pas été étonné. Peut-être avait-il compris…

— Il faut que tu te reposes, Ninouchka.

La voix était douce, mais brisée. Le père souffrait. Il avait perdu sa fille unique, la prunelle de ses yeux, une expression qu'il aimait car pour Tatiana il aurait été capable de donner ses yeux, son cœur, sa vie même ; seulement c'était elle que la mort était venue chercher, et il n'avait pas pu la protéger.

Nina se releva, péniblement. Combien de temps était-elle restée à genoux devant ce lit ? Elle n'avait plus la notion du temps.

Elle tomba dans les bras du Russe. Celui-ci pleurait, ses larmes coulaient dans les cheveux de Nina, qu'il pressait contre lui, de toutes les forces qu'il lui restait ; lui aussi avait peu dormi ces derniers jours, guettant une amélioration. Et il avait dû se résoudre à l'inacceptable, perdre sa fille de vingt ans, la fleur de l'âge.

Et si je la perdais, elle aussi ?

L'idée était si terrible qu'il en tremblait, de tout son corps massif d'homme bien nourri. Que lui resterait-il si Nina succombait à la variole ?

Nina tremblait d'une même peur. Elle ne pouvait pas imaginer la vie sans oncle Dimi à ses côtés… Il avait toujours été là, rassurant, protecteur, consolateur. Il l'avait élevée et aimée comme si elle avait été la sœur de Tatiana et non une étrangère abandonnée à la naissance.

— Quoi qu'il m'arrive, souffla le Russe dans ses cheveux, tu ne seras pas seule. Adrien sera avec toi…

Adrien… Elle n'avait pas même eu la force de lui écrire ces derniers jours, tant elle avait été absorbée par la maladie de Tatiana, sa lutte contre la mort.

— Il reviendra bientôt, le traité de paix sera signé au mois de mai, à Francfort. Ensuite, les prisonniers seront libérés…

Le Russe tourna la tête vers les fenêtres fermées sur le printemps par d'épais doubles rideaux en velours grenat. Ce mois d'avril était plein de promesses. Dans les jardins et les buissons les oiseaux s'en donnaient à cœur joie, célébrant l'été, essayant de consoler les pères et les mères, les épouses aussi, qui venaient de perdre un fils ou un mari…

Il posa son regard sur sa fille. Morte.

C'était si injuste ! Aussi injuste que cette guerre insensée. Les officiers français avaient été si décevants ! Et maintenant, déjà, on pensait à la revanche, à la vengeance !

La guerre ne finira jamais. Cette pensée le remplit d'une tristesse infinie. Au-delà de sa fille, il souffrait pour tous ces morts, ces blessés, ces victimes de guerres passées et à venir.

Quand Nina se réveilla, il faisait nuit.

Elle mit quelques instants à comprendre qu'elle se trouvait dans la chambre qui avait été celle de la mère de Tatiana, avant son départ pour l'asile.

Elle se leva pour écarter les doubles rideaux et la lueur de l'aube éclaira la pièce, aux murs tendus de toile fleurie de roses, au bonheur-du-jour en bois de rose délicatement marqueté, sur lequel la maîtresse de maison écrivait ses poèmes…

Des poèmes qui ne l'avaient pas empêchée de sombrer dans la folie.

Nina s'installa devant le bonheur-du-jour. Machinalement, ses doigts glissèrent sur le bois lisse. Et tombèrent sur un carnet relié de maroquin.

Elle l'ouvrit, comprit que la poétesse en herbe notait ses idées dans ce carnet, en catimini, sans jamais montrer ses créations. Pas même à sa fille qui parfois lui demandait, gentiment, la permission de les lire. Elle avait toujours refusé, prétextant que son travail n'était pas terminé, qu'elle n'en était pas vraiment contente, mais qu'un jour, proche, elle les donnerait à lire.

Ce jour n'était jamais venu.

Nina se plongea dans sa lecture. Elle avait l'impression de transgresser un interdit, mais d'une certaine manière, la mère de Tatiana n'avait-elle pas voulu que son carnet soit découvert ? Elle aurait pu le cacher, voire le détruire…

Tant pis si c'est mal. Je veux savoir.

Les poèmes parlaient d'amour. De l'amour blessé. La mère de Tatiana s'épanchait, de manière très mélancolique. Elle évoquait ses années de misère, quand elle vendait son corps dans les rues, et ses années fastes où elle se faisait entretenir par son amant.

Ô mon corps, qu'y as-tu gagné ? Toujours tu es resté chair, et mon âme s'est envolée, loin de cette chair…

Nina referma le carnet.

Une femme qui avait rêvé d'amour… comme tant d'autres !

N'était-elle pas semblable à elle ?

Avait-elle raison d'attendre Adrien ?

Elle repoussa cette pensée. Adrien et elle étaient unis par un lien si fort, si unique, qu'elle se sentait incapable de le définir. Même d'en parler.

Il était solidement enraciné dans l'enfance, ce terreau fertile. La différence était là, sans doute.

5

Maître Gaillard contempla cet homme qui lui faisait face.

— C'est moi, père…

La voix n'avait pas changé, mais Adrien ne ressemblait plus à celui qui était parti – qui s'était enfui – au printemps dernier. Quelques mois avaient suffi à transformer le garçon en homme.

Mais c'était bien Adrien.

Alors maître Gaillard ouvrit les bras à son garçon.

— C'est toi, tu es donc vivant ! Les Prussiens n'ont pas eu ta peau !

Il lui pardonnait. Plus rien ne comptait que son retour.

À Cahors, sur ses terres. Tout pouvait recommencer, ou continuer. Reprendre le cours habituel de la vie, ni plus ni moins.

Maître Gaillard laissa à peine le temps à son fils de déposer son baluchon, de se débarrasser des vêtements usés que des Allemands secourables lui avaient offerts pour remplacer son uniforme déchiré et ensanglanté.

— Allons faire le tour du domaine !

Mais Adrien voulait d'abord retrouver sa maison, la tiédeur des murs de pierre, qui lui parurent si tendres au sortir des baraquements en bois du camp. Il trouva tout merveilleux, et surtout sa chambre qu'il n'aurait à partager avec personne, sa chambre d'enfant et de jeune homme insouciant, qui lui rappelait tant d'heureux souvenirs…

Il fouilla dans son secrétaire et le trouva. Il savait exactement où il l'avait rangé.

Nina.

Elle éclatait de jeunesse et de beauté sur le dernier portrait que le Russe lui avait consacré.

Il le contempla longuement. Il avait tant regretté de ne pas l'avoir emporté dans ses bagages, il avait tellement souffert d'être privé d'elle !

Elle était encore plus belle que dans son souvenir.

Il posa un doigt sur le visage. Le Russe avait parfaitement réussi à reproduire le sourire de Nina. Il était unique.

Il posa ses lèvres sur les lèvres de papier.

— Je t'aime.

C'était un acte de foi. Il osait enfin murmurer le verbe qui exprimait tout.

Je t'aime.

C'était en Allemagne, dans ce camp de prisonniers, qu'il avait pris conscience qu'il aimait Nina. Il avait ressenti jusque dans sa chair la douleur de l'absence. Comme une amputation. Elle lui manquait comme lui aurait manqué une partie de lui-même. C'était la première fois qu'il souffrait ainsi. Avant, ils se voyaient l'été chez Léonie, à Noël à Bordeaux, à Pâques où le Russe, Tatiana et Nina étaient invités à la maison. Le reste de l'année, ils vivaient séparés. Mais jamais il n'avait éprouvé ce vide, qui pouvait aller jusqu'à la nausée.

Il avait compris alors qu'elle était sa vie, qu'il risquait de mourir sans l'avoir revue. Sans le lui avoir dit.

Cette pensée sans doute l'avait maintenu en vie.

Je t'aime.

Il reposa le dessin.

Il se déshabilla, trouva dans la lourde armoire de chêne un pantalon repassé avec soin, une chemise en lin qui exhalait un délicat parfum de lavande. Il reconnut la griffe de Léonie... Une fois par semaine, elle venait s'assurer que la maison était bien tenue, passait un doigt sur les meubles et inspectait les armoires...

Adrien renonça à s'allonger sur le lit. Son père l'attendait en piaffant d'impatience. Il ne pouvait se risquer à le mettre, dès son arrivée, de mauvaise humeur.

Il avait besoin de son père, malgré tout. De son argent, qui lui servirait à financer ses études, et de sa bénédiction quand il épouserait Nina.

Mais il avait le pressentiment que maître Gaillard trouverait mille raisons, aussi stupides les unes que les autres, pour le séparer de Nina, la bâtarde, recueillie par charité.

Une orpheline sans le sou.

Et son père avait tant d'ambition pour son fils ! Pour commencer, un beau mariage, avec une héritière qui mettrait des vignes dans sa corbeille de noces. Ainsi le domaine s'agrandirait, encore et encore, le vin coulerait à flots, et maître Gaillard pourrait arpenter ses terres avec la satisfaction du devoir accompli.

— Heureusement, tu es rentré avant la reprise des cours, commença maître Gaillard.

Ils marchaient, le père et le fils, entre les rangées de ceps. Les vendanges allaient bientôt démarrer et la récolte s'annonçait excellente.

— Oui, répondit simplement Adrien. As-tu des nouvelles de Bordeaux ?

— Tatiana est morte, la variole, annonça sobrement maître Gaillard, mais Nina se porte bien.

Et la pensée, fugace, que le contraire aurait pu se produire, le traversa.

Adrien s'arrêta net. Tout de suite il pensa à Nina, à sa douleur.

— Où est Nina ? À Bordeaux ?

Alors maître Gaillard lança, comme s'il jetait une pierre très lourde dans une mare :

— Le Russe, pour la distraire de son chagrin, l'a emmenée en voyage... et il a eu raison, dans ce cas il vaut mieux changer d'air !

Ils reprirent leur marche. Adrien, accablé, peinait à avancer. Nina était en voyage ! Elle n'avait pas attendu son retour !

Maître Gaillard se rendait compte de la souffrance de son fils, mais il avait agi pour son bien. Il fallait qu'il oublie Nina.

Ces derniers mois, il faisait des cauchemars récurrents : un visage de femme surgissait...

Un visage qu'il avait reconnu.

Le passé profondément enfoui refaisait surface.

Ce visage appartenait à une jeune femme qu'il avait passionnément aimée. Leurs amours avaient été brèves.

Elle avait disparu de sa vie quelques mois après le début de leur idylle. Il n'avait pas compris ce choix. La prudence, sans doute, elle était mariée elle aussi ; la peur de se faire surprendre, d'être trahie... mais ces raisons ne lui avaient jamais paru suffisantes. Elle prenait tant de plaisir à leurs rencontres, à leurs ébats. Elle avait l'air si amoureuse ! Et son mari était trop vieux pour satisfaire ses besoins. Quant à lui, le corps de sa femme l'avait toujours rebuté, et il ne l'approchait que dans l'espoir de lui faire un enfant.

Il lui avait fallu toutes ces années pour comprendre.

Toujours, dans le fil de ses pensées, il concluait que Nina était née de cette union interdite. L'histoire était simple : son amante avait dissimulé sa grossesse et était venue accoucher dans sa cazelle. Elle lui signifiait ainsi qu'il était le père, le propriétaire, le maître de l'enfant. Et qu'il était de son devoir de la recueillir, de veiller sur elle, de prendre soin de son avenir.

Elle ne pouvait mettre l'enfant au monde chez elle. Son mari n'aurait pas supporté cette honte et les aurait jetés à la porte, son bâtard et elle.

Elle n'avait pas eu d'autre choix que la cazelle.

Et puis il y avait la couverture dans laquelle était enveloppé le bébé.

C'était sur cette couverture qu'ils faisaient l'amour, à même le sol, au milieu des vignes.

Leur paradis. Ils y avaient croqué la pomme plus d'une fois, et Nina était tombée de l'arbre...

— Qu'avez-vous, père ?

Adrien observait son père avec inquiétude. Ce dernier était devenu si pâle !

Maître Gaillard répondit d'un ton qu'il voulut léger :

— Cette chaleur m'accable. On devrait rentrer ! D'ailleurs, tu dois être fatigué après ce périple. Et tu vas manger un peu, et même beaucoup, car tu es maigre comme un lapin de quatre semaines.

Jamais il n'avouerait la vérité.

Il avait honte. Il se méprisait aussi d'avoir failli, d'avoir succombé à la tentation. Il avait trompé sa femme sans remords, et désormais Nina représentait la faute, le péché. Sans elle, il aurait oublié cette banale incartade. Mais son existence avait le pouvoir de réveiller les souvenirs, les regrets et les remords...

— Nous devons songer à ton avenir, mon fils, reprit-il d'une voix grave. Maintenant que tu es devenu un homme, que tu t'es battu bravement, il est temps pour toi, enfin disons dans une paire d'années, de te marier et de fonder une famille... ainsi tu perpétueras le nom des Gaillard, et, ajouta-t-il dans sa tête, *tout rentrera dans l'ordre, notre salut est à ce prix.*

6

Adrien se coucha dans son lit, presque tout habillé. Il était épuisé. Il avait besoin de prendre des forces. Ensuite, il pourrait s'opposer à ce père insensé et à ce projet de mariage.

Mais son père n'avait-il pas toujours eu un comportement déraisonnable ? Lui annoncer, le jour de son retour, qu'il lui avait trouvé une épouse ! À croire que pendant ces mois où son fils était enfermé dans ce camp de prisonniers, il n'avait fait que concocter ses plans…

Jamais je n'obéirai à mon tyran de père. Jamais je ne lui pardonnerai son comportement envers Nina. Un monstre sans cœur, capable d'abandonner la fillette qu'il avait recueillie, ne mérite pas ma tendresse, et encore moins mon estime.

Adrien rêvait. Il avait régressé dans le temps et était redevenu le petit garçon qui avait trouvé refuge dans le puits.

Il levait les yeux vers la lumière qui tombait sur lui. Parfois, le ciel s'obscurcissait et la nuit totale envahissait l'espace, alors il serrait un caillou dans sa paume et il récitait à voix haute la litanie que lui avait apprise Nina : « Je suis grand, je suis fort, je n'ai peur de rien. »

Ces mots avaient le pouvoir d'apaiser la peur.

Dans son rêve, le petit Adrien serrait le caillou et attendait ; elle viendrait ; elle était toujours venue, elle avait toujours été là, depuis le premier jour. Il n'avait pas même eu besoin de la chercher, elle existait bien avant lui.

Dans la nuit du puits, il attendait le jour ; Nina trouverait sa cachette, elle descendrait dans le puits et le remonterait dans la lumière.

Le rêve était si bienfaisant qu'Adrien poussait des petits gémissements de plaisir. La vie était merveilleuse. La nuit était douce. Il y avait sur terre une personne qui le complétait, comme les deux moitiés d'une même orange, une personne qui le comprenait bien mieux qu'il ne se comprenait lui-même, une personne qui l'aimait infiniment.

Cet amour infini le remplissait. Il se sentait dilaté de bonheur.

Il ouvrit la bouche et posa le caillou sur sa langue. Il avait un goût de terre et de mer, un goût de soleil, il était Nina.

Il l'avala.

Il se réveilla hagard, avec la sensation que quelque chose était resté coincé dans sa gorge ; il avait du mal à avaler sa salive.

Il but à même la cruche. À longs traits, sans s'arrêter pour reprendre son souffle. Rien ne semblait pouvoir étancher sa soif.

Puis, debout dans la chambre baignée de soleil, il inspira profondément et décida d'annoncer la nouvelle à son père.

Les deux hommes, le père et le fils, se faisaient face :

— Tu es devenu fou, mon pauvre garçon. La guerre t'a fait perdre la raison…

Il n'en avait fait aucune, de guerre, lui le père. Il n'avait jamais quitté son coin de terre, se contentant de le faire prospérer au fil des ans.

— Je ne crois pas, répondit Adrien en toisant son père du regard.

Il n'avait plus peur de lui, le rêve de la nuit l'avait rendu invulnérable.

Maître Gaillard se taisait, abasourdi par cette annonce ; son fils ne serait pas vigneron, il n'avait pas le goût de la terre.

— J'aime mon pays comme vous, père, et sans doute autant, en cela nous nous ressemblons. Mais je ne veux pas passer ma vie à faire du vin, il y a des choses plus importantes… Un jour, vous serez fier de moi… faites-moi confiance !

Le père restait silencieux, assis devant la table, sur cette chaise qui était la sienne, attitrée, et cela depuis le premier jour où il était venu, avec sa femme et Nina, s'installer dans la maison neuve.

— Tu es né ici et tu as pour devoir de…

Sa voix se brisa ; trop d'émotions pour un seul homme, et il n'était plus si jeune, l'âge le rattrapait, le clouait au sol. Plus que jamais il avait besoin d'un héritier qui continuerait le travail accompli, le ferait fructifier, pendant que lui, le père, pourrait se reposer, enfin. Et voilà que son traître de fils lui annonçait, crûment, qu'il ne travaillerait pas la vigne, qu'après son bachot il irait à Bordeaux, ou Toulouse ou Paris, à l'université, ni plus ni moins.

— Je suis né ici, oui, et j'en suis fier et heureux. C'est ma terre, et justement parce que c'est ma terre, je veux me consacrer à elle, mais d'une manière différente de la vôtre, père... comme notre grand Gambetta !

Car son vrai père, son père spirituel n'était pas l'homme vieillissant, avachi sur sa chaise devant son bol de café. Son vrai père c'était Gambetta, l'homme qui s'était envolé dans les airs pour sauver la France !

— Je serai journaliste, prononça Adrien, et je m'engagerai en politique...

— La politique, murmura maître Gaillard, accablé. Mais la politique, c'est le diable !

Et il pensa : *Heureusement que sa pauvre mère n'est plus là pour voir ce désastre !*

Mme Mathilde avait succombé à une pneumonie, quelques mois auparavant, et depuis ce jour son mari pensait à elle avec respect, voire avec tendresse. Elle avait été une bonne épouse, et une mère irréprochable.

— Je ne suis pas fou, père, seulement je ne veux pas suivre la même voie que vous, bien que je respecte profondément votre œuvre, et que même je l'admire...

Sa voix s'était faite onctueuse, aussi douce que du miel.

Adrien connaissait, depuis peu, le pouvoir de sa voix. Il en avait fait l'expérience dans le camp, avec les autres prisonniers, et les gardiens. Sa voix savait ensorceler, convaincre, et vaincre les réticences.

Le père écoutait le fils lui raconter ses projets, et au fur et à mesure la voix le pénétrait, insidieusement, ouvrant des chemins qu'il n'aurait jamais soupçonnés ; la voix était si persuasive !

Oui, son fils deviendrait un grand homme, un égal de Gambetta, qui était né à Cahors, y avait grandi et chérissait sa terre originelle.

Il aurait un destin exceptionnel, et cette exception rejaillirait sur lui, le père.

Maître Gaillard se taisait, déjà vaincu.

Alors, Adrien qui reprenait du poil de la bête, conscient de sa force, lança :

— Je n'épouserai pas la jeune fille que vous me destinez, père, j'ai une autre idée…

À ce moment-là, maître Gaillard comprit que l'heure de vérité approchait.

Son sang se glaça dans ses veines.

Lui vivant, cette abomination ne se ferait pas.

Comment aurait-il pu permettre à Adrien d'épouser sa demi-sœur ?

Il était pris dans son propre piège. Avouer ou ne pas avouer… Faute avouée n'est-elle pas à demi pardonnée ?

Mais déjà Adrien se levait, repoussait sa chaise et quittait la salle.

Je lui dirai demain, murmura maître Gaillard, accablé. *Demain ou plus tard…*

7

Le Russe se noyait dans son chagrin ; à coups de vodka, plus efficace que le vin pour troubler la tête et oublier. Heureusement, il en avait rapporté quelques flacons de son dernier voyage à Saint-Pétersbourg. Il lui en restait suffisamment pour passer cet horrible et insupportable été.

Il ne quittait plus sa chambre, touchait à peine aux plateaux que Nina déposait sur la table. Elle lui disait « Bonjour, oncle Dimi », c'est ainsi qu'elle l'appelait depuis le jour où il l'avait emmenée à Bordeaux, pour servir de regard à Tatiana. Et il avait su la choyer comme un oncle, cette pauvrette qu'on avait utilisée comme la Cosette créée par le grand Victor Hugo dans *Les Misérables*.

Nina ne buvait pas, hormis de l'eau à peine teintée de vin au repas. Elle attendait. Elle, il lui restait quelqu'un à attendre. Elle savait, par la dernière lettre envoyée par Adrien courant juin, que ce dernier lui reviendrait au cours de l'été.

Il serait libre.

Il avait ajouté : *Libre totalement ; je n'épouserai pas la fiancée que mon père me destine, et il faudra bien qu'il accepte mon choix, sinon il me perdra.*

Pourtant Adrien ne donnait pas signe de vie. Son père l'avait-il retenu ? Ou alors avait-il été victime d'un accident sur le chemin du retour ?

Nina se noyait dans ses questions sans réponses. L'été lui paraissait terne et gris, le soleil la blessait comme une offense, et la nourriture passait difficilement dans sa gorge serrée.

Aie confiance, aie confiance.

Assise dans sa chambre, cette belle et grande chambre qu'elle avait partagée avec Tatiana, Nina penchait sa tête sur le roman qu'elle était en train de lire, mais les mots semblaient se diluer sur le papier, l'histoire lui échappait, les personnages la fuyaient. Elle n'arrivait pas à entrer en contact avec eux.

Elle se sentait seule. Tatiana lui manquait. L'absence d'Adrien l'atteignait jusque dans son corps. Certains matins, elle se réveillait engourdie, les articulations douloureuses.

Elle aurait voulu courir jusqu'à Cahors, traverser le pont Valentré, pousser la porte de la maison blanche, attendre le retour d'Adrien. Mais comment serait-elle accueillie par maître Gaillard ? Et puis, elle ne pouvait abandonner oncle Dimi avec son désespoir.

Pour combler l'absence, Nina rêvait. Cahors lui manquait, même si elle s'était habituée à Bordeaux grâce à la douce Tatiana, à leur amitié et à la tendresse d'oncle Dimi.

Mais sa vraie patrie c'était la campagne que traversait le Lot… Tatiana l'avait compris et disait, parfois : « Un jour tu rentreras chez toi, et tu y vivras. Tu y seras heureuse, plus heureuse qu'en ville. Tu as besoin d'espace, de collines et de cailloux ! De raisins aussi, car tu es née au beau milieu des vignes. Ne l'oublie jamais, ma douce ! »

Tatiana avait compris que sa patrie était dans les vignes étagées sur les collines surplombant la rivière. Dans la grande ville, elle ne se sentait pas à sa place.

Seulement elle avait été obligée de quitter son paradis enfantin, et de vivre à Bordeaux.

Nina rêvait.

Le Russe réfléchissait. En ce matin de juillet 1871, il repoussa la flasque de vodka d'un air dégoûté. *Tu finiras ivrogne, à rouler dans les fossés,* se dit-il en contemplant le miroir de son cabinet de toilette.

Il y voyait un homme hirsute, à la barbe sale, aux yeux rougis, aux rides profondes.

— Un vieillard, et dégoûtant en plus, dit-il à son double du miroir.

Il irait chez le barbier, habillé de frais, puis...

C'est là que le bât blessait; que ferait-il ensuite?

Il tira les rideaux de velours et le soleil se déversa sur lui. Il recula, presque effrayé.

L'été reprenait ses droits.

Partir, murmura-t-il, *fuir cette ville trop chaude, étouffante. Fuir. Mais où aller?*

Chez toi, lui intima une voix, *dans ta patrie, où tu es né. Tu y as une épouse, ne l'oublie pas, et des fils, et même des petits-enfants.*

Il soupira. Il les connaissait à peine, ces petits que lui avait donnés son fils aîné, il se souvenait juste de leurs prénoms, Michka, Sergueï et Nicolaï. Encore des garçons! À croire que même ses fils n'étaient pas capables d'engendrer des filles, hormis, peut-être, comme lui, en cachette.

Et voilà que sa fille unique lui avait été volée par la mort.

Il eut l'impression que ses veines se vidaient de leur sang ; n'était-il pas mort en même temps que Tatiana ? Hélas, la variole n'avait pas voulu de lui. Il aurait tant aimé la rejoindre, mais il était condamné à vivre... C'est ce qu'elle avait voulu :

— Papa chéri, continuez à m'aimer et sachez que je serai toujours avec vous, à marcher dans vos pas, et surtout je vous laisse Nina, je sais que vous l'aimez infiniment.

Nina... Pouvait-il l'emmener en Russie, la présenter à sa famille ? Sa femme et ses enfants ignoraient l'existence de Tatiana. Sa femme avait des soupçons, mais elle n'en parlait jamais. En réalité, son mari, et sa vie en France, ne l'intéressait pas. Son amant suffisait à remplir son existence et avait avantageusement remplacé l'époux.

Non, il n'emmènerait pas Nina en Russie. Sa patrie n'était-elle pas la France ? Sa fille avait eu le pouvoir de lui donner des racines profondes, et il se sentait à présent bien plus français que russe, même si cette Troisième République n'était pas idéale. Aucun gouvernement n'était parfait, et le tsar de son côté se montrait incapable de faire basculer son immense pays dans la modernité. Même si le servage avait été aboli, les moujiks devaient toujours courber la tête devant leurs maîtres et se prosterner devant leur souverain comme devant un dieu vivant.

Pourtant, les grandes steppes russes lui manquaient, ainsi que le bruit du vent dans les bouleaux...

Il descendit dans la vaste salle du rez-de-chaussée. Nina était en train de boire un verre d'eau sur la terrasse ouverte sur les roses du jardin. Il contempla son profil gracieux, ses gestes doux, et cette façon qu'elle avait de pencher la tête puis de la rejeter en arrière pour boire. C'était un spectacle si tendre qu'il lui sembla que Tatiana aussi s'en réjouissait, qu'elle applaudissait en silence, lui le père si courageux et elle l'amie restée sur terre pour veiller sur le père.

Je dois la protéger, se promit le Russe.

Nina se retourna, lui sourit. Elle avait pleuré, ses yeux étaient rouges mais le regard brillait !

Ils allaient panser leurs plaies ensemble, comme Tatiana l'aurait voulu.

À Cahors, maître Gaillard avait pris une grande décision. Elle lui coûtait, mais il n'avait plus le choix ; cet imbécile d'Adrien allait mettre son plan à exécution. Et il avait le devoir de l'empêcher de foncer tête baissée dans la catastrophe.

Il devait la revoir. Elle, la mère. La mère de Nina. La femme dont il était tombé passionnément amoureux, il y avait si longtemps... Pourtant, il lui semblait que c'était hier qu'il la rejoignait dans la cazelle, qu'il la prenait dans ses bras, qu'il lui faisait l'amour... Des moments si brefs mais si intenses ! Et puis un jour, elle lui avait annoncé qu'elle ne viendrait plus. Elle avait tenu parole, il ne l'avait jamais revue. Il avait entendu parler d'elle, de loin en loin, par des rumeurs ; on racontait qu'elle se dévouait à son vieux mari malade, mais qu'elle batifolait avec un valet, au nez et à la barbe de l'époux sénile.

Il décida de se rendre chez elle à pied, à travers vignes. Il lui faudrait à peine une heure pour arriver à destination.

Il la pousserait à avouer.

Ensuite, il parlerait à Adrien. Il lui avouerait la vérité. Adrien en serait choqué, mais pour son bien. Et il ne songerait plus à épouser Nina, sa sœur.

Maître Gaillard suait à grosses gouttes. Marcher dans cette chaleur l'épuisait plus que d'habitude. Il aurait dû atteler le cheval. Mais il était trop tard pour rebrousser chemin, il en avait déjà parcouru une bonne moitié.

Il s'arrêta pour s'éponger le front. Pour se montrer sous son plus beau jour, il avait revêtu sa veste de laine et un pantalon trop serré qui lui broyait les entrailles. Ses chaussures, qu'il avait peu portées, lui blessaient les orteils.

Elle s'appelait Joséphine.

Ce fut sa dernière pensée.

Il s'effondra dans le chemin, entre deux ceps. Le soleil disparut, et soudain l'été se tut.

— Maître Gaillard est sorti, lui annonça Gisèle. Il sera de retour dans une paire d'heures.

Adrien hocha la tête. Son père ne lui manquerait pas. Le souvenir de la conversation qu'ils avaient eue lui était pénible. Car son père, s'il avait plus ou moins accepté l'idée que son fils se lance dans une carrière politique, avait été plus catégorique sur la question du mariage.

— J'ai donné mon accord à mon ami Édouard, depuis des années. Tu épouseras Amélie, parce qu'elle est parfaite, même pour un homme ambitieux. Elle fera une bonne compagne de député, ou de je ne sais quoi. Elle est née ici, et il faut que tu puisses présenter à tes électeurs une épouse qui porte haut et fort nos valeurs. Une enfant de la terre, comme toi.

Maître Gaillard n'avait pas voulu en démordre. Et quand il avait lancé le prénom de Nina dans la conversation, son père avait rétorqué, du tac au tac :

— Nina est ta sœur.

— Pas pour de vrai, je veux dire pas par le sang !

Là, il avait marqué un point. Mais pas pour longtemps car son père avait déclaré :

— Pour moi, c'est encore pire ! Si elle n'est pas de notre sang, de quel sang est-elle ? Tu veux épouser une fille dont on ne connaît pas les origines ? Au risque qu'elle transmette quelque tare à vos enfants ?

Quelle honte, pensait Adrien. *Reprocher à Nina d'avoir été abandonnée.* Elle n'était pas coupable ! C'était ce qu'il avait encore dit, « elle est innocente et je l'aime ». Et il en avait été bouleversé, d'avoir osé prononcer ce verbe si fort, et son père avait eu un sourire étrange mais n'avait rien répondu.

Parce qu'il n'y avait rien à répondre.

On ramena maître Gaillard chez lui, au coucher du soleil. Un journalier l'avait trouvé, étendu entre les ceps, la face tournée vers la terre.

Il n'était pas mort. Mais le docteur, que l'on alla chercher en urgence, ne fut guère rassurant.

Il annonça au fils :

— Votre père a fait une attaque ; c'est-à-dire que quelque chose s'est bouché dans ses artères. Il ne pourra plus se lever et marcher, sauf miracle ; encore heureux s'il recouvre l'usage de la parole! Pour l'instant, je vais vous envoyer une garde-malade, et on verra comment la situation évolue...

Le fils contemplait le père immobile sur son lit. Mais il avait ouvert les yeux et Adrien fut convaincu qu'il avait gardé toute sa tête.

Même impotent, il resterait maître Gaillard, le chef de la maison devant qui chacun devait plier, et le fils aussi.

Cette nuit-là, Adrien fit un rêve qui devait changer le cours de son été.

Quand il se réveilla, il hurla:

— Le salopard!

Son père était un menteur, un tricheur.

Bien sûr, il n'en avait aucune preuve tangible. Mais le rêve le lui avait dit, avec force.

Bientôt, il en aurait la certitude.

Il ne prit pas la peine de dire au revoir à ce père menteur, il se lava sommairement, s'habilla, saisit quelques vêtements qu'il fourra dans un sac de voyage, et prit congé de la bonne sans lui laisser d'adresse.

Ce ne fut que dans la diligence qu'il se rendit compte que Gisèle ne saurait où le joindre si jamais son père décédait.

Mais il ne lui arriverait rien. Son père n'allait pas renoncer si vite. Il surmonterait cette épreuve et bientôt il courrait à nouveau comme un lapin. Son père était immortel, ou presque. Sa volonté de garder l'emprise sur les siens, et en particulier sur lui, son fils, le tenait en vie; il ne le lâcherait pas avant d'avoir rempli sa mission: le remettre dans le droit chemin en lui faisant épouser sa promise et en l'obligeant, une fois chargé de famille, à se consacrer au domaine.

Adrien avait l'impression que ses yeux se dessillaient enfin. Il voyait son père sous son vrai jour : un tyran de la pire espèce, capable du pire.

— Monsieur et mademoiselle sont absents, lui annonça la bonne.

Adrien en resta bouche bée, planté devant la porte.

— Mais ils ne sont pas loin. Comme mademoiselle Nina était très pâlotte, monsieur a décidé de l'emmener au bord de l'océan, à Arcachon, où ils sont descendus à l'hôtel…

Elle ajouta :

— Mademoiselle Nina a pensé à vous avant de partir, elle a écrit une lettre à votre intention… mais entrez donc ! Vous avez l'air épuisé, monsieur Adrien !

Il fit un pas en avant et pénétra dans le hall. Il aimait cet appartement, dont les grandes fenêtres donnaient sur le quai, toujours bruissant d'animation. C'était un logis douillet, et Nina y avait vécu heureuse aux côtés du Russe et de la pauvre Tatiana.

Enfoncé dans le canapé du salon, Adrien lut la lettre de Nina.

Mon cher Adrien,

Après la terrible disparition de Tatiana, oncle Dimi a décidé qu'un peu d'air vivifiant me ferait du bien, et le docteur a tellement insisté que j'ai fini par accepter l'idée de quitter Bordeaux. Aussi t'ai-je écrit ces mots afin de te donner notre adresse à Arcachon…

Je pense que tu es rentré sain et sauf, et que tu lis cette lettre, assis sur le canapé, face aux fenêtres qui donnent sur le quai… du moins est-ce ainsi que je t'imagine.

Oncle Dimi avait envisagé de m'emmener en Russie, mais y a renoncé, d'abord parce que nous pourrions être contaminés par la variole et l'emporter avec nous. Ensuite, et surtout, parce que ce long voyage m'aurait séparée de toi pendant des mois et que j'ai hâte de te retrouver. Arcachon n'est qu'à quelques pas de Bordeaux…

Adrien replia la lettre qui exhalait un doux parfum de violette. Nina n'était pas en voyage comme maître Gaillard le lui avait fait croire. Son père était un vulgaire menteur!

Qu'il crève!

Aussitôt il eut honte. Comment osait-il souhaiter la mort de son propre père?

— Je vais vous préparer un petit souper, monsieur Adrien. Ensuite vous vous reposerez puis vous irez à Arcachon, où mademoiselle Nina vous attend avec impatience!

8

Ils étaient assis face à face, comme un père avec sa fille. Adrien resta quelques secondes planté dans l'entrée du restaurant.

Nina n'avait pas changé. Tout au plus sa peau était-elle plus dorée, lui donnant un air de bonne santé. Le Russe, en revanche, accusait le poids des ans. La mort de sa fille l'avait durement affecté, creusant des rides profondes et blanchissant ses cheveux.

Nina tourna la tête et l'aperçut. Elle resta deux secondes immobile puis dans un cri se leva, repoussa sa chaise et se précipita vers lui.

Il la reçut dans ses bras. Elle riait et pleurait à la fois, indifférente aux gens qui les entouraient et qui s'étaient arrêtés de déjeuner pour mieux les contempler, les admirer aussi.

— Quel joli petit couple ! s'écria une dame qui se mit à applaudir.

Quelques mains l'imitèrent, mais le petit couple ne sembla pas s'en rendre compte.

Le Russe aussi les admirait, non sans un pincement au cœur. Il pensait à Tatiana.

Mais Tatiana aurait été heureuse du bonheur de Nina.

Ils commandèrent un plateau de fruits de mer, huîtres, palourdes, bulots, crabe et même deux langoustes accompagnées de mayonnaise. Un régal, surtout pour celui qui avait souffert de la nourriture fruste du camp, patates, haricots secs et soupe de pois.

Le Russe, curieux, essaya de le faire parler de cette guerre, du camp, du traité de paix, mais Adrien esquivait les questions.

— Plus tard, promit-il, pour l'instant, je veux oublier ! Et savourer ce qu'il y a à savourer ; j'ai l'impression d'avoir vécu des années loin de la France. J'ai du temps à rattraper !

Il goba une huître, elle était fraîche et salée à point. Un goût d'océan le submergea.

— Tout à l'heure, nous irons sur la plage, et nous nous baignerons…

Le Russe éclata de rire :

— Tu ne sais pas nager, pas plus que Nina !

— Nous apprendrons, déclara Nina d'une voix ferme. Nous trouverons bien un garçon de plage pour nous aider à tenir sur l'eau.

Le Russe brisa la carapace de la langouste d'un coup sec. Il resterait à l'hôtel, loin de l'agitation de l'océan ; il avait besoin de paix, de silence.

Il les laisserait en tête à tête. Il peinait à reconnaître Adrien tant il avait grandi et gagné en assurance. La guerre avait fait de lui un adulte. Et le regard de Nina exprimait la même certitude. Adrien n'était plus un petit garçon, mais un homme et plus précisément un homme amoureux. Une évidence.

Son cœur se serra. Jamais il n'avait éprouvé pour aucune femme ce sentiment intense qu'on lisait dans les yeux des deux amoureux. Il n'avait pas eu le bonheur de goûter à cette plénitude.

Il avait été amoureux, il avait été attiré par le corps des femmes, et elles avaient été nombreuses, mais le véritable amour lui avait été refusé.

Il avait seulement aimé sa fille, de toute son âme, et puis Nina aussi… et il avait essayé de les rendre heureuses.

— Comment se porte ton père ?

Adrien pâlit, mais d'un ton qu'il voulut indifférent, prononça :

— Il a eu une attaque… en pleines vignes…

Nina poussa un petit cri.

— Et tu ne me l'as pas dit plus tôt ! Si je comprends bien, il est seul…

— Avec sa garde-malade, précisa Adrien, entre de bonnes mains.

— Non, pas de bonnes mains, reprit Nina d'un ton grave, il a besoin de sa famille… je veux le voir. Il faut que je lui parle… avant qu'il ne soit trop tard.

— Il ne pourra pas te répondre…

— Il faut que j'essaie ! Il faut que je lui dise combien j'ai souffert quand il m'a emmenée à l'auberge de la tante Angèle… en fait, je ne lui en ai jamais parlé !

— Qu'espères-tu ? Qu'il implore ton pardon ? Mon père est bien trop orgueilleux !

Nina se tut. Adrien avait raison. Il connaissait son père… le tyran qu'était son père… Un homme généreux, certes – et ses ouvriers pouvaient en témoigner –, mais malgré tout imbu de son pouvoir et qui se prenait pour le Roi-Soleil gouvernant sa cour.

Qui ne réussirait poutant pas à faire plier son fils…

9

Adrien dut renoncer aux délices d'Arcachon. Il n'eut pas le temps de goûter aux vagues ni au plaisir de s'étendre sur la plage de sable fin. Nina était pressée de rentrer à Cahors, et les deux hommes la suivirent.

Ils trouvèrent maître Gaillard alité, incapable de se lever sans aide. Il réussissait à peine à faire quelques pas du lit au fauteuil. Où était passé l'homme orgueilleux qui faisait trembler son entourage ?

Adrien détournait les yeux. Il ne voulait pas assister à la déchéance de son père, et encore moins à sa mort. Le médecin, en effet, n'avait guère laissé d'espoir.

Nina prit les choses en main. Elle commença par congédier la soignante qu'elle trouvait trop distante. Elle demanda à Léonie et à sa fille Catherine de venir l'aider à s'occuper du malade.

— Il a besoin d'être entouré de gens qui prennent soin de lui, qui se montrent tendres et…

Adrien l'interrompit.

— Et lui, a-t-il été tendre ? Il a toujours été si dur avec chacun ! À commencer par toi, Nina…

Et Nina rétorquait :

— Ce n'est pas une raison pour se venger ! Je déteste l'idée de la vengeance. Et puis il me fait pitié. Il n'a que nous deux, Adrien !

Léonie revint s'installer sur les lieux de sa jeunesse. Elle en était tout émue, et heureuse que Nina ait songé à elle pour la seconder.

Sa fille unique, Catherine, lui ressemblait beaucoup. Elle avait sa vivacité, son sens de la repartie, sa bonne humeur inaltérable. Jolie aussi avec ses cheveux auburn et ses grands yeux sombres. Quand elle était à côté de Nina, le contraste avec la blondeur de cette dernière était frappant.

Le Russe aimait les croquer dans son carnet.

Il n'avait jamais cessé de dessiner. Il immortalisait les visages, en faisait collection. Une manie inoffensive, disait Tatiana qui avait excellé au piano, mais n'avait pas eu le temps de perfectionner son jeu. Le coup de crayon du Russe, en revanche, au fil des ans, s'était affirmé. Nina, à qui il montrait parfois ses croquis, était émerveillée par son évolution. L'artiste voyait plus loin que le visage, il scrutait l'âme.

Ce jour-là, elle lui dit :

— Le portrait que vous avez fait de maître Gaillard est criant de vérité...

Elle contempla le dessin, puis reprit :

— Moi aussi je le vois ainsi : perclus de douleurs.

Et elle désigna la tête du vieillard esquissée à coups de fusain.

— Sous le front, je vois une multitude de serpents s'agiter... ses pensées... il n'arrête pas de penser... il regrette, il éprouve du remords, et ça le mine aussi sûrement que la maladie.

Adrien haussa les épaules. Nina exagérait. Il s'exclama :

— Mon père a mené une existence calme, voire monotone, au milieu de ses vignes. Rien de bien passionnant ! Et il n'a rien à se reprocher non plus, il a toujours renvoyé l'image d'un homme qui n'a fait que du bien. Il a donné de l'argent au curé de la paroisse, chaque année, pour les indigents, et le clamait haut et fort pour qu'on s'extasie sur sa générosité. Et puis, il n'a jamais quitté Cahors. Où aurait-il pu pécher ? À vous entendre, on dirait que mon père a commis un crime dont il se repend aujourd'hui !

Le Russe partageait le sentiment de Nina. Maître Gaillard souffrait, terriblement. Son visage en était marqué. Il ne s'agissait pas d'un crime, sans doute, mais un événement grave s'était déroulé dans cette vie monotone, que le malade aurait voulu exprimer, à présent, avant de quitter cette terre.

Il emporterait sa douleur avec lui, sans avoir eu la grâce de la partager.

Ce sera sa croix, songeait le Russe.

Chaque matin, on descendait maître Gaillard dans la grande salle et on l'installait dans un fauteuil. L'été restait au-delà des volets rabattus et des lourds rideaux qui occultaient la chaleur. Le malade somnolait, dans la fraîcheur des murs épais, sa tête dodelinant au rythme de ses pensées.

Il n'avait pas perdu l'esprit. Au contraire, ses pensées étaient claires, limpides, et, à cause d'elles, le vieillard souffrait mille morts.

Il aurait aimé les extirper et les jeter loin de lui. Mais elles s'obstinaient à le tourmenter, et seulement la nuit quand il parvenait à s'endormir, la paix lui était accordée, pour un bref répit.

Ces pensées auraient pu s'articuler en phrases simples : Nina, tu es ma fille, mon sang coule dans tes veines ; j'ai trahi mon propre sang en t'abandonnant, et maintenant tu couches avec mon fils, ton demi-frère. Je n'ai rien fait pour empêcher ce péché contre-nature. Je suis le seul coupable ; mais il est trop tard et je mourrai sans rédemption possible. Comment Dieu pourra-t-il me pardonner ?

Il aurait voulu bondir, s'interposer entre les deux amoureux, les séparer, mais il était condamné à voir sans mot dire, sans pouvoir tenter un geste.

Adrien et Nina se prenaient par la main, riaient ensemble et parlaient d'avenir. Ils ne se méfiaient même plus de lui ; dans l'état misérable où il se trouvait plongé, il ne pouvait plus leur nuire.

Et le Russe laissait cette abomination se perpétrer, avec le sourire. N'avait-il donc pas compris la vérité ? Était-il aveugle ? Ne remarquait-il pas que Nina lui ressemblait, à lui le père ? Ça sautait aux yeux, pourtant. Le même air déterminé, la même volonté inébranlable, et cette manière qu'elle avait de s'adresser aux valets de ferme, un ton plein d'autorité, exactement comme le sien. Et tout le monde s'inclinait devant la nouvelle maîtresse.

Elle avait hérité de son caractère.

Physiquement, elle avait des traits qui provenaient de sa mère de sang. Il avait le temps, enfoncé dans son fauteuil, de ressusciter le visage de son amante d'autrefois. Elle était plus claire que les gens du cru. Quant aux yeux, le hasard de l'hérédité avait transmis à Nina ceux de sa grand-mère paternelle, bleu limpide, presque transparents.

Et sur le plan du caractère, Nina lui ressemblait davantage que son propre fils, cet Adrien bon à rien. C'est ainsi qu'il l'appelait. Un garçon qui ne pensait qu'à l'amour! Sans doute qu'en Allemagne, il avait fréquenté les prostituées, et maintenant son corps réclamait, se tendait vers les creux de la femme, en l'occurrence ceux de Nina.

Et que faire quand la chair réclame son dû, sa pitance? Il en savait quelque chose, lui qui avait couru vers la cazelle pour y retrouver son amante, aussi impatiente que lui.

Maintenant c'était au tour des jeunes. Lui n'était plus qu'un vieil homme qui allait s'éteindre sous peu.

Pourtant, il ne parvenait pas à s'y résoudre, disparaître. Son corps se révulsait à cette idée.

— Mon père ne mourra pas de sitôt, affirmait Adrien. Il va reprendre du poil de la bête, il n'a pas dit son dernier mot.

Le dernier mot tomba à la fin de l'été, peu de temps avant les vendanges. Nina était en train d'élaborer, en compagnie de Léonie, les repas des vendangeurs quand soudain maître Gaillard leva un bras et s'écria d'une voix péremptoire:

— Crayon, papier!

Il s'était exercé pendant des jours entiers à trouver ces deux mots, quand il avait senti que son bras droit reprenait des forces, un semblant de vigueur, suffisamment pour tracer quelques lettres.

Nina s'empressa de les lui apporter. On l'installa devant la table. Adrien était absent, le Russe et lui étaient en train de discuter avec les valets de l'organisation des vendanges. Une liste de travailleurs saisonniers était déjà prête.

Maître Gaillard traçait les mots sur le papier, lentement, appliqué comme un écolier. Il fallait qu'il exprime sa pensée avec brièveté avant que sa main ne se dérobe à nouveau.

Adrien est ton frère de sang. Je suis ton père, ta mère…

Sa main lâcha le crayon qui tomba sur les tommettes. Le papier, lui, resta posé sur la table. Nina se pencha sur la lettre, comprit qu'il s'agissait d'une sorte de testament. Que les serpents étaient sortis de sous le front du malade, et gisaient sur le papier.

Elle lut les quelques mots.

Le doute n'était pas permis ; si maître Gaillard avait tant bataillé pour arriver à ce résultat, c'était uniquement pour dire la vérité.

Maintenant, je sais, pensa-t-elle.

— Qui est ma mère ?

Une larme s'échappa des yeux du malade. Il ouvrit la bouche, mais aucun son n'en sortit. Il était retombé dans son silence. Sa main, inerte, pendait le long du corps.

Nina s'assit en face de lui.

Son père.

Elle n'était pas si étonnée, en fin de compte. Maître Gaillard était attachée à elle, elle l'avait toujours su. Comme il avait dû souffrir en se rendant compte que ses deux enfants s'aimaient d'amour tendre !

Adrien… Comment lui annoncer la nouvelle ?

Elle réfléchit longuement. Maître Gaillard la contemplait, rassuré. Un sourire flottait sur ses lèvres muettes.

Sa fille saurait quoi faire.

Puisqu'elle lui ressemblait, qu'elle était de son sang, qu'elle était issue de sa terre.

10

Le soir même, Nina et oncle Dimi dormaient à Bordeaux, dans l'appartement qui donnait sur le quai.

Nina avait beaucoup réfléchi dans le train qui menait de Cahors à Montauban, puis dans celui qui descendait vers Bordeaux. Le Russe, sur la banquette en face, l'observait avec curiosité, épaté par sa rapidité à prendre des décisions. Une femme pourtant, une de ces femelles capricieuses et changeantes, faibles et malléables !

Nina n'était pas de cette trempe-là.

Après avoir appris qu'elle était la fille de maître Gaillard, elle était venue le trouver et lui avait dit :

— Nous devons partir, tout de suite !

Il avait acquiescé ; le ton de la voix, la gravité du visage, lui avaient fait comprendre qu'il n'avait pas le choix.

Nina avait confié le malade à Léonie et à sa fille. Elles avaient promis de veiller sur lui, de faire en sorte qu'il ne manque de rien. « Exactement comme si j'étais sa fille », avait dit Catherine, et Nina avait souri.

Est-on jamais sûr de savoir qui est son père ?

En elle, pourtant, la colère étouffait le chagrin de savoir son père souffrant, mourant peut-être. Comment aimer un père qui vous a renié, expédié chez votre tante sans un geste de tendresse, parce qu'il n'a plus besoin de vous, que vous le gênez, qu'un autre enfant, un fils, vous a remplacé ?

Maître Gaillard ne s'était pas conduit en père.

Le vrai père, celui qui l'aimait et lui avait tout donné, était oncle Dimi. Lui seul.

Le lendemain matin, Nina prit une autre décision.

— Oncle Dimi, j'ai une idée, et je crois qu'elle vous plaira…

Le Russe attendit la suite, se sachant déjà vaincu.

— Les jeunes gens ont l'habitude d'effectuer un grand tour, qui leur permet de découvrir le monde, ou du moins l'Europe. Moi aussi j'ai envie de découvrir l'Italie et ses grands peintres, les îles et leur douceur, le vin italien et la splendeur du ciel méditerranéen…

Et le Russe ne put que dire oui.

— Ninouchka, ma chérie, voilà une excellente idée. Je suis content que tu veuilles t'ouvrir l'esprit, découvrir de nouveaux horizons.

Il n'ajouta pas, soudain timide : *Et tenter d'oublier ce qu'il faut oublier…*

Nina lui avait donné à lire les mots tracés maladroitement par maître Gaillard, sa confession, et il en avait frémi. Il n'avait pu s'empêcher de se poser la question essentielle : Nina et Adrien avaient-ils… ? Cette éventualité lui paraissait diabolique, mortifère, en un mot, monstrueuse. Bien sûr, les pharaons épousaient parfois leur sœur, mais ces temps-là étaient révolus. Aujourd'hui, l'inceste était devenu tabou ; un frère et une sœur ne pouvaient coucher ensemble, et l'idée des remords dont Nina était peut-être la proie l'épouvantait.

Seulement, étaient-ils coupables ?

Le Russe avança sa main et saisit celle de Nina qui reposait sur la nappe blanche.

— Ma chérie, je te promets que tu n'oublieras jamais le voyage que nous allons faire.

— Nous ne rentrerons pas de sitôt, compléta Nina.

Peut-être jamais, pensa-t-elle.

Elle trouverait un endroit où se cacher, recommencer sa vie, loin de la France, loin d'Adrien.

Elle s'enracinerait quelque part au bord de la mer, loin des terres. Elle pourrait contempler l'horizon, qui ouvrait sur l'infini.

Cahors serait loin.

Elle oublierait.

Mais était-elle de la race de ceux qui oublient ?

Adrien ne comprit pas ce départ brutal, que Léonie avait tenté de lui expliquer maladroitement : « Le Russe doit rentrer chez lui, à Saint-Pétersbourg, ne m'en demande pas davantage ! Ils sont partis pour plusieurs mois. Nina a dit qu'elle t'enverrait une lettre le plus vite possible. »

Nina écrivit la lettre à Rome :

Adrien

Je sais que ces mots te blesseront, mais je m'y résous, aujourd'hui, devant ma fenêtre, dans cet hôtel qui donne sur le cœur de la Ville éternelle…

Nina reposa la plume. Elle ne pouvait tracer les mots définitifs qui la déchiraient.

Elle se souvenait de la naissance d'Adrien, de son émerveillement, et combien elle avait, aux yeux des autres, joué à la grande sœur attentionnée; mais dans son cœur, il avait toujours été Adrien, son Adrien, bien plus qu'un frère. Son double, ou sa moitié. Plus tard, elle avait lu le mythe de l'orange selon lequel Dieu avait créé l'humain à la fois homme et femme, mais que le péché originel avait séparé ces deux entités et que désormais chacune d'elles devait errer à la recherche de sa moitié parfaite.

Elle l'avait trouvée, sans même avoir eu à la chercher. Elle lui avait été offerte.

Nina déchira le papier.

Elle recommença. Elle irait jusqu'au bout, Adrien avait le droit de connaître la vérité.

Adrien,

Nous sommes à Rome, dans le cœur de la Ville éternelle, et la lumière est si belle que je regrette de ne pas être peintre pour l'immortaliser.

Adrien, j'ai pris une décision qui te blessera, mais il le faut, pour notre bien.

Je vais me marier. À notre retour de voyage, je dirai oui à celui qui souhaite demander ma main. C'est un homme bon et juste.

Elle s'arrêta encore; devait-elle donner le nom du promis? Seulement, elle ne lui avait pas dit oui, et plus encore, il n'avait pas officiellement demandé sa main. Et puis ne souhaitait-il pas l'épouser uniquement pour se consoler de la perte de sa fiancée ? À la place de Tatiana, il prendrait Nina, sa presque sœur. L'une remplacerait l'autre.

Elle continua à écrire :

Oncle Dimi me donne sa bénédiction. Une fois mariée, je m'installerai à Bordeaux, définitivement. Je veillerai sur oncle Dimi. N'est-ce pas lui qui m'a élevée, avec bonté ?

L'auberge de la tante Angèle… et l'affreux cousin dont elle avait oublié le prénom, tant elle était marquée par ses « caresses », cette nuit-là. Dès le lendemain, la mère avait expédié son fils à Figeac sous un prétexte quelconque, et le surlendemain le Russe était venu la chercher, la délivrer… Le cousin était mort noyé quelques années plus tard, elle ne l'avait jamais revu…

Elle reprit sa plume.

Je te souhaite de rencontrer une jeune fille qui te rendra heureux, puisque pour ma part je me suis rendu compte que nous ne pouvions vivre ensemble, comme nous l'avions rêvé. C'était un rêve, Adrien, et les rêves ne sont pas faits pour être vécus ; nous devons y renoncer.

J'imagine pour toi un avenir à Paris, cette capitale qui t'attire tellement. Tu pourras y réaliser tes ambitions. Cahors est une trop petite ville pour toi.

Quoi que tu entreprennes, qui que tu deviennes, je te garderai ma tendresse.

Devait-elle ajouter « ma tendresse de sœur » ? « Une tendresse toute fraternelle » ?

Mais ce n'était pas ce qu'elle éprouvait.

Elle garderait pour elle le secret de maître Gaillard.

Elle laissa tomber sa plume sur le parquet.

Elle n'enverrait pas cette lettre affreuse, injuste et fausse. Elle rentrerait à Cahors, et elle ferait comme si maître Gaillard ne lui avait rien révélé. Comme si de rien n'était.

Elle aimait Adrien. Elle attendrait la mort de maître Gaillard. Un jour, Adrien serait libre de l'épouser. Elle deviendrait Mme Adrien Gaillard, la maîtresse du domaine. Adrien resterait à Cahors, la seconderait dans la direction de la propriété, deviendrait maire de la commune. Ses ambitions s'arrêteraient là.

Ils seraient heureux. Ils n'auraient pas d'enfants, puisqu'elle ne pourrait supporter l'idée de mettre au monde un enfant conçu avec son propre frère.

Ils seraient tout l'un pour l'autre. Ils n'auraient besoin de personne.

— Ninouchka, il est l'heure de sortir ! Les grandes chaleurs sont tombées, nous pouvons aller prendre un verre sur une de ces belles terrasses qui nous tendent les bras…

Le Russe avait entrouvert la porte qui séparait leurs deux chambres. Il souriait à l'idée de boire quelque chose de frais, de pétillant, de coloré, comme les Italiens savaient si bien faire.

Un petit plaisir innocent qu'il partagerait avec Ninouchka, qui en avait bien besoin.

— Je viens, annonça Nina en se levant.

11

Adrien y crut. Pourquoi aurait-il douté de la parole de Nina? Elle ne lui avait jamais menti! Si elle annonçait dans sa lettre son futur mariage, c'est que l'affaire était conclue, qu'elle était fiancée et que les noces seraient célébrées dans un avenir proche.

Adrien profita de la faiblesse de son père pour imposer sa volonté; puisque Nina ne rentrerait pas, il quitterait Cahors où il n'avait plus aucune raison de demeurer. D'ailleurs cette maison, qui n'avait de famille plus que le nom, l'oppressait.

Il monta à Paris, déterminé à s'y forger une place. Le lycée d'abord, pour obtenir ce bachot, sésame pour une vie nouvelle. La suite coulerait de source, études de philosophie et de droit qui le mèneraient dans le saint du saint, un grand journal.

Il écrirait. Se ferait un nom pour mieux s'engager en politique.

Nina se maria l'année même où Adrien commença sa conquête du pouvoir.

On était en 1877.

Nina n'avait eu des nouvelles d'Adrien que par l'intermédiaire de Léonie, qui s'occupait de maître Gaillard. Ce dernier ne pouvant plus administrer le domaine, Adrien avait embauché un régisseur qui lui rendait des comptes une fois par an, par courrier.

Adrien avait oublié Cahors et ses vignes. Il aspirait à une vie où le vin ne tiendrait pas la première place. Où il pourrait s'occuper des choses de l'esprit.

Et Nina s'unit à un authentique Lotois. Un jeune notaire qui, un jour, rachèterait l'étude de son patron, lequel n'avait pas d'enfant et l'avait pris sous son aile.

Un jeune homme que Nina connaissait depuis longtemps puisqu'il s'agissait de Gustave. Celui qui venait la chercher, le matin, pour lui faire traverser le pont Valentré, main dans la main, comme deux écoliers qu'ils étaient.

Gustave avait toujours été un élève brillant et son maître n'avait pas eu de mal à lui faire décrocher une bourse qui lui avait permis de poursuivre des études. Son intelligence, sa persévérance, avaient porté ses fruits. Le notaire de Cahors avait été séduit par sa vivacité et, en l'absence d'un fils ou d'un gendre comme héritier, avait jeté son dévolu sur ce jeune homme méritant.

L'heure était au mérite, à ces débuts de la Troisième République où les nouveaux hussards investissaient les écoles publiques pour former des citoyens dignes de ce nom.

Gustave était donc devenu notaire. Ce métier lui allait comme un gant tant il aimait se plonger dans les dossiers, et ainsi se tenir informé de la vie intime des familles, insoupçonnable de l'extérieur. Et comme un notaire se devait d'être un père de famille irréprochable, Gustave avait pensé à Nina. Il avait fait sa demande et Nina avait accepté. S'il était conscient que Nina n'éprouvait pour lui qu'une vague tendresse, nourrie par leurs années d'enfance, il se disait que le mariage était affaire trop sérieuse pour être fondé sur la passion.

Les noces eurent lieu au printemps, dans la cathédrale Saint-Étienne. Une grande partie des Cadurciens avaient tenu à assister au mariage de ces deux enfants du pays.

La mariée était belle, quoiqu'un peu pâle et grave. La pâleur de son teint était accentuée par la blancheur de sa robe de mariée, une incongruité qui venait d'outre-Manche où la reine Victoria avait été la première à imposer ce drôle de choix vestimentaire. Beaucoup trouvèrent de mauvais augure que la mariée perdît sa couronne de fleurs d'oranger, qui tomba à ses pieds sur le parvis de la cathédrale.

Ce fut le Russe qui endossa le rôle du père et conduisit la mariée à l'hôtel. Maître Gaillard en était bien incapable, cloué dans son lit ou son fauteuil depuis des années.

Nina n'avait pas averti Adrien de ses noces. Elle sursauta lorsqu'elle l'aperçut, au moment même où elle se baissait pour ramasser sa couronne de mariée. Leurs regards se croisèrent l'espace de quelques secondes. Elle blêmit, rajusta sa couronne tant bien que mal, pendant que les enfants, excités, jetaient des grains de riz sur les mariés.

Adrien était accompagné d'une jeune fille qu'il présenta comme sa fiancée.

Ils travaillaient tous deux dans un journal parisien que Nina ne connaissait que de nom. Mais le Russe parut impressionné. Ce n'était pas n'importe quoi ! Et Adrien n'était plus n'importe qui.

Il avait réussi à se tailler une place dans ce Paris lointain, lui, le jeune homme venu des provinces du bout du monde. Il fréquentait les milieux bourgeois, tutoyait les hommes politiques, enfin c'est ce qu'imaginait le Russe.

La réalité était moins glorieuse, mais Adrien n'en était qu'au début d'une carrière qu'il voyait fulgurante. Bientôt, il dirigerait un journal tout en faisant de la politique, son rêve de jeune homme quand, à Cahors, il pensait à son avenir.

Le repas de noces eut lieu à l'auberge *Au cerf d'or*, le meilleur établissement de Cahors. Adrien s'éclipsa après la première coupe de champagne, ne voulut pas assister au repas. Il n'était venu que pour saluer son père et lui présenter sa future femme.

Plus tard, Nina devrait se souvenir de ses noces comme d'un cauchemar. Elle avait l'impression d'une époque qui finissait ; une vie d'épouse et sans doute de mère vouée à sa famille, dans l'ombre de son notaire de mari, l'attendait. Une vie simple. N'était-ce pas une chance ? Léonie semblait le penser. Elle avait toujours eu beaucoup d'affection pour Gustave, si gentil, si serviable.

Le Russe était content, lui aussi ; sa Ninouchka était casée, enfin. Non qu'elle soit un poids pour lui, mais il vieillissait ; bientôt, le moment de partir viendrait et il ne pouvait pas imaginer sa Ninouchka seule au monde, sans épaule virile sur laquelle s'appuyer. C'était le destin des femmes de se marier ! Que pouvaient-elles faire d'autre ? Grâce à cette union, Nina retrouverait sa terre natale ! *On rentre toujours chez soi*, pensait-il, *c'est le cours logique de la vie.*

Les deux époux s'installèrent dans une petite maison au cœur de la vieille ville de Cahors, qu'ils connaissaient bien pour y avoir joué, enfants ; les maisons dataient du Moyen Âge, enserrées dans des ruelles étroites où les charrettes passaient à peine. La maison était simple, mais bientôt, lui avait promis Gustave, il ferait construire une villa sur les hauteurs, qui aurait une vue incomparable sur le Lot. Seulement la terre manquait pour construire, tout l'espace était accaparé par les vignes. La vigne était reine.

Mais ce temps ne devait pas durer.

Nina avait entendu prononcer le mot effrayant de « phylloxéra » et elle s'était renseignée. Elle en avait frémi. Ce minuscule insecte était capable de ravager des vignobles entiers, détruisant tout sur son passage, ne laissant que ceps vides et terres désolées.

La guerre avait déjà commencé sur les terres du Sud sans que l'on trouve une solution et les vignerons s'arrachaient les cheveux de désespoir devant la catastrophe annoncée. En effet, il n'existait aucun remède contre ce mal.

Le mal allait gagner. C'était une vraie épidémie, comme la variole ou la peste. Beaucoup de gens en mourraient…

Nina essayait de se persuader que ce n'était pas son problème. Le régisseur qui s'occupait du domaine était un homme compétent, il trouverait les solutions adéquates.

— Bonjour, madame, c'est maître Gaillard qui m'envoie. Il m'a prié de venir vous chercher… mais d'abord, je dois vous parler.

Nina fit entrer le régisseur. Ils prirent place dans le petit salon, charmant avec ses bergères et son secrétaire en bois de rose. C'était la pièce que Nina préférait. Elle s'y réfugiait souvent, passant de longues heures à lire et à rêver.

— Je n'irai pas par quatre chemins. Ce que j'ai à vous dire va vous chagriner, mais vous avez le droit de savoir. Voilà, le domaine Gaillard est touché, lui aussi, par la bête immonde que je ne nommerai pas. Je n'ai guère d'espoir de le sauver...

L'homme baissait la tête, comme s'il était coupable de n'avoir su empêcher le pire. Puis, face au silence de Nina, il reprit :

— Maître Gaillard veut vous voir... Il a recouvré l'usage de la parole ces derniers jours. Il m'envoie vers vous. Il m'a prié d'insister.

Nina se raidit.

— C'est un vieil homme, madame. Il pleurait quand il m'a parlé de vous... Je sais que vous êtes sa fille, il me l'a dit. Alors, je vous en prie, suivez-moi !

Nina se leva et suivit le régisseur. Elle avait revu maître Gaillard après son mariage mais il l'avait à peine regardée. Nina avait compris que sa présence lui était pénible.

Et voilà qu'il la faisait chercher !

— L'état de santé de maître Gaillard se serait-il aggravé ?

Le cheval s'engageait sur le pont Valentré, et le cœur de Nina s'emballa ; tous les souvenirs affluaient, son enfance dans la grande maison qui portait son nom, la tendresse de maître Gaillard qui l'emmenait parcourir ses vignes, les ciseaux qu'il lui avait offerts pour ses premières vendanges...

— Pas vraiment, répondit le régisseur. En tout cas, le docteur l'a vu pas plus tard qu'hier et il n'a rien dit de particulier ; il va même plutôt mieux, me semble-t-il, depuis quelques jours ; ce printemps a l'air de lui convenir. Maître Gaillard est un bonhomme solide, il nous enterrera tous, conclut-il en riant.

Nina ne sourit pas. Elle appréhendait cette rencontre.

Elle s'attendait au pire.

Mais le pire allait la surprendre.

D'abord l'accueil de maître Gaillard l'étonna ; il eut l'air si heureux de la voir ! Son visage s'était illuminé et ses joues tremblaient d'émotion.

— Nina !

Sa voix semblait venir d'outre-tombe mais il s'exprimait presque sans difficulté. Tout au plus sa langue fourchait-elle parfois, et devait-il recommencer sa phrase.

— Je suis content que tu sois venue, et aussi vite ; j'avais peur que tu me fasses attendre… Ce que j'ai à te dire est de la plus haute importance, tu dois t'en douter…

Il reprit son souffle.

— Un grand malheur est en train de s'abattre sur nos vignes.

Il ne prononça pas le nom du malheur qui devait écorcher sa langue.

— J'ai compris que seul je n'y arriverai pas, cloué que je suis dans ce fauteuil. J'ai besoin de toi.

— Moi ?

Nina observait le vieil homme presque avec effroi.

— Qu'attendez-vous de moi ?

— Que tu sauves mes vignes, ni plus ni moins. Je ne veux pas que mon domaine, le travail de toute une vie, soit anéanti à cause de cette vermine… Le Russe t'aidera, il aime notre vin lui aussi. Je n'ai que toi, mon fils se moque de nos terres, trop dévoré par son ambition. Il veut être un grand monsieur devant qui on s'incline ! Et il n'aime pas le vin !

Il n'a pas tort. Adrien n'a jamais caché son indifférence. Petit déjà il dédaignait les explications de son père, se bouchait les oreilles pour ne pas les entendre.

— Je n'ai que toi, répéta maître Gaillard. Le régisseur n'est qu'un employé, il a fait ce qu'il a pu, mais toi…

Et pour ne laisser aucun choix à Nina, il ajouta d'une voix sourde :

— Tu es ma fille.

Il se tut, épuisé. Il la fixait de ses yeux implorants. Il avait tant besoin d'elle ! Son fils l'avait abandonné, se pavanait à Paris, loin de ses terres natales ; elle, elle était rentrée au bercail, telle l'enfant prodigue.

Nina ne disait rien, trop émue pour parler. Des sentiments contradictoires se bousculaient en elle. Elle était sa fille, disait-il, mais était-il son père ? Même s'il l'avait conçue, ce n'était pas lui qui avait veillé sur elle, qui se levait la nuit quand elle était réveillée par des cauchemars, qui l'avait envoyée à l'école. Maître Gaillard l'avait rejetée dès la naissance de son fils, et plus encore en la confiant à la tante Angèle puis au Russe. Il n'avait alors pas besoin d'une pisseuse de son genre !

Mon vrai père, ce n'est pas lui.

Pourtant, il m'a prise dans ses bras quand Léonie m'a ramenée, ce jour du mois d'août. Il m'a offert ma première poupée, mes premiers ciseaux pour couper les grappes, il m'a emmenée dans les vignes pour labourer, tailler, désherber, vendanger... Sans lui, que serais-je devenue ?

— Je vous aiderai, pour vous remercier de m'avoir donné le goût de la terre, prononça-t-elle d'une voix qu'elle s'efforçait de rendre indifférente.

Maître Gaillard leva des yeux brillants de larmes. Il murmura :

— Oui, la terre, c'est le plus important...

Ils se regardèrent, complices. Ils avaient en commun un même amour.

La seule chose que je ne partage pas avec Adrien.

Sommes-nous donc plus différents que je le croyais ?

12

— J'ai une idée...

Le Russe souriait malicieusement. Il avait eu cette idée la veille et avait très envie de la partager.

— Je sais que le tsar qui aimait tant le *Kagor* avait décidé de faire planter des vignes... en Crimée, à cause de son climat si doux.

Nina retint son souffle.

— Le phylloxéra n'a peut-être pas atteint la Crimée... mais pour le savoir, il faut se rendre sur place... J'ai décidé de faire le voyage. Je te ramènerai des plants sains. Enfin, si je le peux...

Car la situation n'était pas brillante. Causses et plaines se voyaient soumis au même régime, qui brisait le cœur des vignerons: on arrachait ce qu'on avait autrefois planté, avec espoir et patience.

— Tout est à recommencer. C'est si dur!

— C'est une des grandes lois de la vie, ma Ninouchka, continua le Russe de sa voix grave où perçait toujours un accent slave. Aujourd'hui, tu dois te montrer digne de la confiance que maître Gaillard place en toi... et je sais qu'il a raison. Tu réussiras parce que tu portes en toi l'amour de ta terre natale. Et contre cet amour, même le phylloxéra sera obligé de s'avouer vaincu!

Nina ne répondit pas. Par la fenêtre ouverte elle pouvait voir les derniers ceps, ceux qui n'étaient pas encore souillés, et qui peut-être donneraient quelques raisins.

Elle ne pouvait s'empêcher d'espérer. La Russie représentait l'ultime salut. Le voyage serait long et l'issue incertaine mais il était nécessaire de tenter l'aventure.

— Tu m'attendras, je reviendrai les bras chargés d'avenir…

Il se sentait l'âme lyrique, en bon Russe qu'il était toujours, en dépit des années passées en France.

Le lendemain de cette conversation, maître Gaillard mourut. Léonie le trouva sans vie au petit matin. Il gisait sur son lit, les yeux fermés, comme s'il était mort pendant son sommeil.

— Il avait fait son temps, résuma Léonie avec son solide bon sens de paysanne.

— Surtout, ajouta le Russe, il a pu partir l'âme sereine. Ses chères terres sont entre de bonnes mains…

Quelques jours plus tard, Nina, le Russe et Léonie se retrouvèrent chez le notaire. Il ouvrit le testament et le lut à haute voix.

Je soussigné Auguste Gaillard, vigneron à Cahors, décide de transmettre mes biens, en terres et en meubles, à égalité entre mes deux enfants, Nina, épouse Liaud, et Adrien Gaillard.

Je reconnais par ce testament que je suis le père illégitime de Nina, retrouvée dans ma cazelle en ce jour d'août 1850, et amenée chez moi par ma fidèle petite bonne, Léonie. Il est de mon devoir d'homme et de chrétien de dire la vérité.

J'ai décidé que l'ensemble de mes vignes, et la demeure qui s'y trouve, iront à Nina, charge à elle de les faire fructifier et de verser à Adrien, son demi-frère, la part de bénéfices qu'engendre le vignoble. Je lui fais confiance, elle saura gérer ce bien avec honneur et honnêteté. Adrien ne pourra vendre sa part sans l'accord de Nina, j'insiste beaucoup sur ce point capital.

Je cède à la brave et fidèle Léonie, qui a veillé sur moi avec tant de courage, ma maison rue des Pénitents, comme gage de ma reconnaissance.

Adrien ne s'était pas déplacé ; son épouse avait répondu qu'il était en voyage, en Amérique, d'où il devait ramener des articles pour le journal. Elle n'avait pas jugé bon de le remplacer pour accompagner son beau-père au cimetière.

Le lendemain de l'ouverture du testament, le Russe partit pour la Crimée. Il ne savait pas encore que ce serait son ultime voyage… Il se sentait plein de forces, comme si une sève nouvelle venait irriguer ses vieilles veines

Il rentrait chez lui, sur les terres de sa naissance. Et ce serait la Russie qui sauverait sa chère Ninouchka !

Nina décida de s'installer dans la maison des vignes qu'elle avait découverte à l'âge de un an, juchée sur les épaules de son père. Si elle ne se souvenait pas de cette journée, maître Gaillard lui avait souvent raconté combien elle avait été éblouie par la splendeur blanche de la demeure toute neuve.

Revenir dans cette maison tenait d'un acte de foi. Elle se réinstallait au milieu des vignes en pleine épidémie !

Croyait-elle qu'elle allait gagner la guerre ? Ne voyait-elle pas que Cahors risquait de mourir ?

Cahors, la ville qui avait donné son nom au vin, depuis le temps des Romains, la ville où était né un pape qui y avait créé une université, la ville de Clément Marot et de Gambetta… La ville qui avait résisté à tous les envahisseurs, qui avait toujours su se transformer, s'adapter, survivre, serait-elle vaincue par le phylloxéra ?

Nina se raccrochait à l'espoir : si ces plants s'acclimataient à leur sol calcaire, la vigne pourrait reverdir et prospérer à nouveau.

Mais pour l'instant, tout mourait. Et les hommes courbaient la tête devant ce châtiment de Dieu. Le curé les exhortait du haut de sa chaire au repentir. Qu'avaient-ils fait pour mériter un tel sort ? Ils n'avaient sans doute pas été des chrétiens parfaits, pourtant ils avaient travaillé et gagné leur pain à la sueur de leur front. Ils avaient élevé leurs enfants dans le respect du travail bien fait et la crainte de Dieu. Et voilà ce qu'ils avaient récolté ! Les pouvoirs publics les abandonnaient à leur misère, ayant sans doute des affaires plus importantes à traiter. La France, et surtout Paris, était occupée à admirer les merveilles de l'Exposition universelle qui se tenait dans le nouveau palais construit à cette intention, le Trocadéro, et les jardins du Champ-de-Mars. Paris brillait, au firmament de ce modernisme dont les journaux faisaient l'éloge !

Les artistes peignaient, comme Monet et Manet, un Paris pavoisé aux couleurs tricolores de la République, avec une foule en liesse chantant la paix retrouvée et le progrès en marche ! Les journaux parlaient de plans pharaoniques, la construction de 90 000 kilomètres de voies ferrées, la création de l'administration des chemins de fer d'État, de canaux et de routes qui devaient sillonner les territoires.

La Chambre avait consacré un budget de 5 milliards de francs à ces travaux colossaux !

— C'est la revanche des républicains sur l'empire, déclara Gustave, ce matin-là, à table.

Ils prenaient le café, face à face.

Nous sommes déjà un vieux couple. Plus aucune fantaisie, plus aucun élan. Je n'aime pas mon mari, mais l'ai-je jamais aimé ?

On était au mois de juin 1878. Le printemps éclatait, annonçant un été magnifique.

Mon mari est un homme sérieux, un notaire ennuyeux.

Nina avait très envie de bâiller, et plus encore de s'échapper.

— As-tu lu le dernier papier d'Adrien ? Il a du talent, c'est indéniable !

Il y avait comme une lueur d'admiration dans les yeux de Gustave. Et un soupçon d'amertume dans sa voix.

Adrien travaillait au *Petit Journal*. Et Gustave, consciencieusement, épluchait tous les articles écrits par son beau-frère. Comme s'il espérait pouvoir comprendre qui était cet Adrien que sa femme regrettait tant, mais qui ne donnait pas signe de vie, l'ingrat.

Gustave se mit à lire :

— « L'exposition fait la part belle à la France, et a oublié l'Allemagne. On n'y trouve aucun pavillon allemand, mais l'Alsace et la Lorraine, nos provinces perdues, sont à l'honneur, grâce aux émigrés d'Algérie, natifs de l'Est, qui ont tenu à partager les beautés et les richesses de leur nouvelle patrie. »

Comme Nina ne réagissait pas, il attaqua :

— Il ferait mieux de s'intéresser à son domaine ! Pour moi, je te le dis franchement, ton frère est un belliqueux qui n'a pas supporté la défaite et je préfère Émile Zola qui préconise une victoire du Champ-de-Mars et du Trocadéro, c'est-à-dire une victoire sans coup de feu et sans une goutte de sang ! La victoire du progrès et de la civilisation sur la barbarie.

Gustave se tut, avala une gorgée de vin. Nina ne bronchait pas. Elle laissait passer l'orage. Ce n'était pas la première fois que son mari s'en prenait à Adrien. Il était jaloux, tout simplement.

Gustave se mordit les lèvres. Il n'en dirait pas davantage. De toute façon, Nina n'entendait rien.

Elle me préfère cet imbécile ! Ce fils à papa qui a pu faire de belles études grâce à l'argent de son père ! Moi, je me suis construit tout seul, et je dois ma réussite à mon seul mérite !

— Ton frère nous a oubliés, nous devons l'oublier nous aussi. Je crois que tu as rendez-vous avec le régisseur, tout à l'heure ?

Nina acquiesça d'un mouvement de tête. Le régisseur voulait lui montrer les derniers dégâts causés par le phylloxéra. La matinée serait consacrée au constat, implacable, des ravages. Elle arpenterait ses terres, et se rendrait compte que la partie était perdue.

À moins d'un miracle.

— Eh bien, bonne chance !

Gustave se leva, soudain pressé.

L'étude l'attendait, il avait une succession difficile à régler. Et il était plus agacé qu'il ne voulait se l'avouer. Le silence de Nina lui semblait plus terrible que n'importe quelle dispute. Elle prenait le parti d'Adrien, mais sans un mot.

Elle l'adore. Bien davantage qu'elle ne m'aime ! Je me demande si…

Il n'osait formuler sa pensée, tant elle était monstrueuse.

Et si elle avait couché avec lui ?

Il haussa les épaules. Nina était vierge, au soir des noces, et il avait eu le plaisir de la déflorer.

Mais en es-tu sûr et certain ? Tu n'as jamais connu aucune femme avant Nina, pas même une professionnelle. Tu as pu te tromper, tu manquais d'expérience !

Le doute s'instillait, le pénétrait, le ravageait.

Tout en traversant le pont Valentré où, autrefois, il serrait la petite main de Nina dans la sienne, il se souvenait de leur enfance. Nina venait en été, avec Tatiana, et toutes deux s'installaient chez Léonie. Mais presque chaque jour Adrien les rejoignait et il lui était interdit de partager leurs jeux. Il était condamné à les observer, de loin, en serrant les poings et en attendant le bon vouloir de Nina.

Elle était déjà cruelle en ce temps-là. Elle ne voulait de moi que lorsque Adrien était absent, alors seulement elle consentait à me regarder et à m'écouter. Finalement, rien n'a changé. Elle m'a épousé, mais elle n'aime que lui. D'ailleurs, elle me donne son corps sans le moindre enthousiasme, par devoir. Pour ne pas me peiner. Mais son cœur est ailleurs…

Il pénétra dans son étude, abattu par ce constant accablant.

13

Le régisseur était un homme du Sud, un amoureux des vignes qui avait longtemps travaillé dans les plaines languedociennes. Maître Gaillard l'avait embauché pour ses connaissances sur la vigne, son amour du vin et ses capacités au silence.

Cet homme mutique préférait la communauté des ceps à celle des hommes.

Mais ce jour-là, il ne se fit pas prier pour parler.

Il en avait tellement gros sur le cœur ! Il était si découragé !

Et surtout, il croyait – une de ces croyances un peu stupides mais solidement enracinées – que si maître Gaillard avait désigné cette jeune femme comme successeur, il n'avait pu se tromper. Et que, par conséquent, elle serait capable de devenir son alliée contre l'ennemi commun, redoutable, que personne jusqu'alors, depuis dix ans qu'il sévissait, n'avait réussi à vaincre.

— Bien pire que Bismarck et les empereurs prussiens réunis, commença-t-il, après avoir serré la main de Nina. Mais je vais vous montrer. Rien de tel que de voir !

Elle vit.

Des ouvriers agricoles étaient en train de déterrer les ceps. Ils peinaient à l'ouvrage tant la terre était sèche, caillouteuse, et les ceps enracinés profondément. Il fallait creuser loin pour nettoyer et surtout ne laisser aucune racine.

— Je ne m'y suis pas résolu de gaieté de cœur, expliqua-t-il. Mais je n'ai trouvé aucune autre solution. Je n'ai jamais vu rien de pire que ce maudit puceron !

— Nous allons tout brûler sur place, annonça un ouvrier, car il est interdit de transporter pour ne pas propager le mal. Mais entre nous, hein, c'est fichu !

Il énonçait ces propos terribles d'une voix presque indifférente.

— J'ai l'habitude, malheureusement, conclut-il. J'en ai brûlé des hectares de vigne ! À force, je ne ressens plus rien. On a perdu la bataille !

Le régisseur reprit :

— Ces messieurs des bureaux, agronomes et politiques, ne nous sont pas d'un grand secours, mais je dois avouer qu'ils cherchent, hélas sans trouver.

Il embrassa de ses bras ouverts le paysage alentour.

— La géographie ne nous aide pas ! Dans le Sud, on inonde les terres, même si le procédé est terriblement coûteux, et ça fonctionne parfois. Le puceron est noyé par l'inondation. D'autres maladies arrivent alors, comme le mildiou ; sauf que ce dernier est plus facile à traiter ! Mais ici, l'inondation est impossible.

Il soupira bruyamment :

— Tout cet argent dépensé me donne des sueurs froides ! Bien sûr, il y a les subventions, mais les vignerons s'appauvrissent, un peu comme s'ils devaient acheter leurs terres une seconde fois. Ils empruntent des sommes colossales et ce sont les banques et autres usuriers qui s'en mettent plein les poches ! Sans compter les charlatans qui vous promettent des résultats spectaculaires avec des lotions miracles, qui, évidemment, sont inefficaces !

Il souriait, tristement, en homme résigné.

— Il y en a même qui vont pisser sur leurs ceps, croyant que l'urine va les guérir. Ou qui achètent des tonneaux de pisse pour en asperger leurs vignes !

Nina, muette, pensait aux vendanges qui auraient lieu sur les parcelles encore indemnes. Quel vin en tirerait-on ? La récolte serait maigre et les popes auraient peu de *Kagor* à mettre dans leurs calices. Il était probable que l'on ne pourrait rien exporter.

Le régisseur attendait une réaction. Devant le silence de Nina, il continua :

— Je vais tenter la méthode chimique... mais elle est coûteuse... et j'ai consulté le comptable pas plus tard qu'hier, les liquidités commencent à manquer.

Il asséna :

— Il faut trouver de l'argent frais... les charrues sulfureuses sont très chères, mais plus efficaces que la main de l'homme. Le sulfure de carbone, je ne vous le cache pas, est un produit dangereux qu'il faut savoir manier avec précaution. Mais ce traitement ne conviendra que pour les parcelles encore indemnes ; dans les autres, les ceps devront être arrachés pour tenter d'arrêter la propagation du mal.

— Je vais contacter la chambre d'agriculture et monter un dossier pour les aides...

L'idée d'un quelconque secours possible la stimulait, aussi reprit-elle d'une voix ferme :

— Je ne baisserai pas les bras.

Le ton était empreint d'une telle foi que le régisseur se sentit mieux. Il n'était plus seul, enfin. Maître Gaillard avait été incapable, dans son état, de l'accompagner dans cette bataille. Il était mort dans le chagrin immense de voir l'œuvre d'une vie se faire anéantir par un vulgaire puceron !

Mais il avait une fille… une fille qui avait l'air d'être aussi courageuse que son père, aussi persévérante et intraitable.

Ce puceron aurait désormais une adversaire redoutable.

Les trois années qui suivirent furent consacrées au puceron.

On déterra, on brûla, on traita à grands coups de chimie, on dépensa des sommes folles, et le résultat ne fut que décevant. Même la science ne venait pas à bout de l'insecte ravageur. Le terrain n'était pas réceptif au traitement. Les feuilles des vignes continuaient à roussir, se flétrir, tomber. Les vendanges étaient maigres ; elles étaient vendues à un courtier qui haussait les épaules :

— Ma chère petite dame, disait-il à Nina, je ne peux vous en donner plus, ce vin restera en France. Les Français en ont bien besoin pour noyer leur chagrin. La France a soif et n'a plus rien à se mettre dans le gosier !

— Il faut que tu écrives encore, dit Léonie à Nina, un matin de décembre. Au Russe, bien sûr ! Il faut qu'on sache ce qu'il est devenu… Ce silence n'est pas normal…

— J'ai déjà envoyé trois lettres, sans réponse!

— Essaie une dernière fois. Il a dû se passer quelque chose, là-bas. Il faut qu'on sache!

Léonie harcelait Nina presque chaque jour; elle voulait connaître la raison de ce silence. Le Russe lui manquait. Il manquait aussi à Nina qui ne pouvait confier ses soucis à son mari. Gustave les esquivait d'un revers de la main, la priait de changer de sujet. Mais quoi d'autre pouvait l'intéresser?

Le Russe avait laissé l'adresse de son épouse à Saint-Pétersbourg. Son domicile en quelque sorte, même s'il n'y vivait plus depuis des décennies. Mais l'épouse ne répondait pas aux courriers.

La lettre arriva quelques jours avant Noël 1880.

Madame,

Je m'appelle Ivan Konchalovsky. Mettant de l'ordre dans les papiers de ma mère décédée récemment, j'ai découvert vos courriers.

Je suis désolé de vous apprendre que mon père est lui aussi décédé voici deux ans, peu de temps après son retour. Une chute de cheval lui a été fatale, il n'a pas eu le temps de souffrir. Il repose, selon la volonté de son épouse, dans la chapelle familiale de notre datcha.

En triant des papiers, je suis tombé sur un écrit de mon père que ma mère avait gardé par-devers elle. Il y est question de vous, madame, et c'est la raison pour laquelle je me prépare à venir en France.

Il ne serait, en effet, pas approprié de vous informer par une simple lettre de la teneur des mots écrits par mon père peu de temps avant sa mort.

J'ai donc décidé de faire le voyage et de découvrir par la même occasion cette belle France que mon père aimait tant! Je pense pouvoir me rendre chez vous, à Cahors, courant avril 1881.

Je vous prie d'accepter, chère madame, l'expression de mon profond respect.

— Nous sommes fixés désormais! s'écria Léonie.

Ses yeux brillaient étrangement. Derrière elle, dans l'âtre, le feu crépitait.

— De quoi veut-il te parler? Une histoire d'argent sans doute, compléta-t-elle soudain volubile. Le Russe t'a laissé des sous, qui vont bien t'aider, toi qui n'en as presque plus!

Nina secoua la tête.

— Je ne crois pas qu'il s'agisse d'argent!

— Quoi alors?

Nina eut l'impression que la voix de Léonie tremblait.

— Je ne sais pas, avoua-t-elle. Mais ça doit être important pour qu'il veuille me voir en personne!

Léonie fit la grimace. Cette visite ne lui disait rien qui vaille. Des ennuis en perspective. Et ce serait à elle de lui préparer une chambre, de veiller à son bien-être, Nina étant tout occupée par les vignes. Et elle n'était plus toute jeune et terriblement seule depuis que Nina avait renvoyé la petite bonne – faute d'argent – et que sa fille Catherine s'était mariée à Puy-l'Évêque, autrement dit au bout du monde.

On profita de l'hiver pour ériger des bûchers de ceps dans lesquels se consumaient des vies entières de labeur.

Certains vignerons se convertissaient au tabac, en espérant pouvoir survivre sur leurs terres. Les jeunes partaient, fuyaient vers d'autres régions de France, montaient à la capitale, se faisaient embaucher dans les nouvelles usines qui réclamaient des bras, toujours plus de bras.

Le paysage changeait.

Et Nina serrait les poings. Elle avait réussi à sauver quelques hectares, à coups de chimie. Mais au début, on s'était trompé dans le dosage du sulfure de carbone qui avait brûlé les ceps. Ensuite, on avait réussi à apprivoiser la quantité nécessaire, et lentement les ceps avaient reverdi.

Mais rien n'était gagné !

Ce matin de mai, Nina était en train de faire ses comptes sur le petit bureau qui avait appartenu à maître Gaillard.

— Tu as de la visite, lui annonça Léonie, sans même prendre la peine de frapper à la porte.

Nina comprit qu'il s'agissait d'Ivan. Elle descendit.

Il ressemblait tant à son père que son cœur s'affola dans sa poitrine. Il sourit, et c'était bien le même sourire, à la fois grave et teinté de malice.

— Je suis content de me trouver sur vos terres, chère Nina, si vous me permettez cette familiarité... Vous m'appellerez Ivan, j'y tiens !

Ils s'installèrent devant la cheminée où le feu brûlait toujours, ce mois de mai étant plus froid que d'habitude.

Ils ne disaient rien, intimidés tous deux de se retrouver face à face, avec l'ombre du Russe entre eux.

— Mon père a été beaucoup absent, commença Ivan. Finalement vous l'avez mieux connu que moi… Il aimait tant la France ! Et votre vin ! Et vous, même ! Nous, ses fils, lui étions presque étrangers. Je sais pour Tatiana, mon père m'en a parlé quelques jours avant sa chute de cheval…

Il énonçait ces propos d'une voix calme, traversée par cet accent que son père n'avait jamais perdu.

— Ce que je vais vous apprendre, chère Nina, va vous surprendre… C'est étrange, quand j'ai lu ce qu'il faut bien appeler le testament de mon père, je n'ai pas été étonné. Je me suis toujours dit que mon père cachait quelque chose, ou quelqu'un, dans ce pays qui était devenu sa patrie…

Il s'interrompit, tripota le papier qu'il tenait entre les doigts et reprit :

— Mon père a choisi de rédiger cette lettre dans sa langue maternelle, le russe, que vous serez incapable de déchiffrer… à moins qu'il ne vous l'ait enseignée ?

Nina secoua la tête. Le Russe s'était toujours adressé à elle, et à Tatiana, en français ; tout au plus laissait-il échapper de temps à autre quelques expressions de son pays natal.

— Dans ce cas, je vais vous la traduire…

Il commença, lentement, cherchant ses mots au fur et à mesure.

Ma chère Ninouchka,

Je me trouve chez moi, enfin ce qui fut, autrefois, ma patrie ; disons la terre où j'ai vu le jour, mais choisit-on l'endroit où l'on vient au monde ? J'aime tellement la France et depuis si longtemps !

Pourtant, c'est d'ici que je t'écris. J'en ressens le besoin. Mais je n'oublie pas la Crimée et ma promesse... je partirai bientôt...

Tu te souviens sans doute de cette soirée où nous étions invités chez mon nouvel ami, le négociant Achille Dolmart ? C'était peu de temps avant la maladie de Tatiana, et nous étions heureux, tout simplement heureux, sans le savoir, car le bonheur nous paraissait naturel.

Vous ne connaissiez pas Achille, comme lui ne vous avait jamais vues. La soirée a été superbe et nous sommes rentrés contents. Le lendemain, quand j'ai revu Achille – je te répète la conversation telle qu'elle a eu lieu –, il m'a lancé :

« Mon cher, vous ne m'aviez pas dit que vous aviez deux filles jumelles ! Oh, elles ne sont pas identiques, mais elles se ressemblent tant qu'on pourrait s'y tromper ! Heureusement que l'une est plus blonde que l'autre, ainsi on peut mieux les différencier ! »

J'en suis resté bouche bée ; mais le soir même j'ai consulté mes carnets de croquis, et j'ai dû me rendre à l'évidence, Tatiana et toi aviez un air de... famille.

Puis, Tatiana est tombée malade et je n'y ai plus pensé pendant un moment.

Quelques semaines plus tard, j'ai décidé d'en avoir le cœur net. J'ai rassemblé mes souvenirs, et principalement ceux qui me venaient de cette année 1850 où tu es née, et des mois qui ont précédé ta naissance. J'ai dû m'avouer que je me trouvais à Cahors en décembre de l'année précédente, mois où tu as été conçue.

Ivan s'interrompit, pour laisser sans doute à Nina le temps d'assimiler ces nouvelles. Il leva un œil sur elle. Elle était étrangement calme, presque sans réaction, hormis quelques frémissements sur le visage.

J'étais descendu à l'auberge et j'avais fait le tour de mes relations. Le plus important de mes clients s'appelait Gaillard, maître Gaillard, et nous étions devenus presque amis au fil des années. Je me souviens avoir soupé chez lui, un très bon repas confectionné par sa jeune bonne, Léonie.

Le lendemain matin, j'étais allé parcourir les vignes, à l'aube, comme j'aimais le faire, dans le silence qui recouvre la campagne. Le Lot était nimbé de brume, en contrebas. J'étais seul. Enfin pas tout à fait, car, au niveau de la cazelle, je suis tombé sur Léonie. Que faisait-elle en ce lieu, je l'ignore. Mais elle était là, et je ne sais pas ce qui m'a pris… elle était si jeune, si touchante, et moi un homme impétueux. Je l'ai embrassée, et elle n'a opposé aucune résistance.

Voilà, tu es née de cette union.

Quand maître Gaillard m'a appris, par courrier, l'année suivante, qu'un enfant avait été retrouvé dans le vignoble et qu'il avait décidé de l'élever comme sa fille, je te jure que je n'ai pas compris que j'étais le père de cet enfant. Jamais, je te le promets, Ninouchka, Léonie n'a avoué qu'elle était ta mère. Il faut dire que je ne le lui ai jamais demandé !

Mais je compte bien le faire à mon retour. Ainsi la situation deviendra limpide. Mais pour moi, plus je réfléchis, plus je sais que j'ai trouvé la vérité, même si elle paraît incroyable. Léonie t'a mise au monde dans la cazelle, seule, puis elle t'a ramenée chez les Gaillard ; c'était une manière de te garder. Elle n'avait sans doute pas le choix. Il est possible aussi qu'elle n'ait pas réellement compris ce qu'il se passait, elle était si jeune ! Peut-être, comme le pense mon ami médecin que j'ai consulté hier, a-t-elle voulu absolument oublier cette histoire et croit-elle qu'elle t'a réellement trouvée sur le sol de la cabane, ce matin d'août…

Je devine combien cette vérité va te troubler, mais sache, ma Ninouchka, que dans mon cœur, depuis ce jour où je t'ai trouvée au bord du puits en train de soulever ce lourd seau d'eau, tu es devenue ma fille, au même titre que Tatiana. Que tu sois de mon sang ne change pas grand-chose finalement.

Sauf une chose importante, essentielle même : Adrien n'est pas ton frère.

C'est pour cette unique raison que j'ai décidé de dévoiler cette histoire, de la porter à la lumière du grand jour qui éclaire toutes les ombres. Si Adrien n'est pas de ton sang, plus rien ne s'oppose à votre union, et je sais que vous vous aimez.

— Il n'a pas eu le temps de vous envoyer la lettre, Nina. En fait, était-ce vraiment une lettre ? Elle est écrite en russe, une langue que vous ne comprenez pas… je pense qu'il s'agit d'une confession… mais qu'importe ! Le lendemain il est décédé, sur le coup, en tombant de cheval. J'aurais pu garder ce papier, mais il m'a semblé naturel de vous dire la vérité...

Ivan se tut. Sa sœur... Il avait eu deux sœurs, lui qui avait grandi parmi ses frères, dans une étroite communauté, en l'absence du père, toujours en voyage.

— Merci, Ivan, répondit Nina d'une voix qu'elle essayait de garder ferme. Mais c'est si... troublant! Maître Gaillard, dans son testament, m'a reconnue comme sa fille illégitime... alors...

— Le Russe a dit la vérité.

Ils sursautèrent. Déjà Léonie reprenait:

— J'ai voulu oublier, et même que j'avais oublié. Je voulais aussi t'abandonner dans la cazelle, parce que je ne comprenais pas ce qui venait de se passer. Que j'avais donné la vie à un enfant...

Elle s'avança, s'assit sur une chaise et poursuivit:

— J'avais une raison de me trouver dans les vignes, c'était Mme Gaillard qui m'y avait envoyée... Elle soupçonnait son mari de la tromper, dans la cazelle, parce qu'il partait si tôt le matin... Alors elle m'a demandé de le suivre et d'aller voir... mais c'est sur le Russe que je suis tombée... et on a fait ce qu'il a dit. Pour moi c'était la première fois et ensuite j'ai oublié. Je n'ai même pas compris que j'étais grosse, et personne n'a rien vu. Personne. Puis dans la cazelle, ce matin d'août, j'ai eu fort mal au ventre et tout s'est passé très vite. Tu es venue, j'ai déchiré le cordon avec des ciseaux qui se trouvaient là, je t'ai enveloppée dans la couverture et je me suis enfuie.

— Pourquoi n'as-tu rien dit?

— D'abord parce que je n'ai pas compris, en revenant te chercher dans la cazelle, à cause des cris qui m'ont arrêtée, et aussi à cause de l'appel de l'engoulevent, que tu étais mon bébé ! Que je venais de te mettre au monde ! Je sais, ça paraît impossible à croire et pourtant c'est vrai ! Ce n'est qu'un peu plus tard que j'ai compris, après que le docteur nous a eus examinés, moi et le bébé, parce qu'il me l'a dit clairement : « Tu viens d'accoucher, Léonie, tu es la mère de cette enfant. » Mais il était trop tard ! De toute façon Mme Gaillard avait décidé de te prendre pour fille, et c'était une grande chance pour toi. Qu'aurais-je fait, seule, sans mari, sans argent ? Je n'avais pas même de famille qui puisse nous recueillir, car Mme Gaillard, qui avait une sainte horreur du péché de chair, m'aurait jetée à la porte, et toi avec ! En tout cas c'est ce que je me suis dit à ce moment-là.

Le silence se fit, enveloppant la pièce. Léonie le rompit :

— Maître Gaillard avait vraiment une maîtresse à cette époque. Je les avais surpris, mais cette femme n'a jamais eu d'enfant. Seulement maître Gaillard a voulu y croire, parce que les dates coïncidaient. Quand il a reconnu que tu étais sa fille, dans son testament, je n'ai rien dit parce que ce n'était que justice ! Il te devait bien ça, pour t'avoir rejetée à la naissance d'Adrien, t'avoir presque vendue à la tante Angèle... D'ailleurs, à cette époque, j'étais décidée à avouer, à te récupérer parce que je ne voulais pas que tu sois élevée dans cette auberge, mais le Russe est venu et a changé mes plans en t'emmenant à Bordeaux, et je me suis dit que c'était bien ; c'est ton père.

Nina se leva, s'avança vers Léonie qui se leva à son tour et elles tombèrent dans les bras l'une de l'autre.

— Maman.

Ivan replia la lettre. Il avait fait son devoir. Il pouvait rentrer chez lui, en Russie.

Nina et Léonie restèrent enlacées un long moment, pleurant dans les bras l'une de l'autre ; après tout ce silence, Léonie, enfin, pouvait dire « ma fille », « ma petite Nina ». Et Nina pensait *maman*, sans oser prononcer ce mot qu'elle avait, autrefois, réservé à Mme Gaillard, avant d'avoir été rejetée.

Maman.

14

Le phylloxéra gagnait du terrain.

Nina s'était lourdement endettée. Elle avait dû sacrifier des hectares de vigne trop sévèrement touchée, et que le traitement chimique n'avait pas guérie.

La désolation gagnait du terrain. Si le puceron s'acharnait sur les vignes, il touchait aussi en plein cœur hommes, femmes et enfants. Beaucoup avaient décidé de tenter leur chance ailleurs, d'abandonner ces terres devenues stériles.

Nina parlait de désertion. Elle avait fait le choix de ne pas fuir. Elle resterait, en compagnie de Léonie et du régisseur, qu'elle parvenait à peine à payer mais qui voulait continuer la lutte à ses côtés.

Elle ne jugeait pas ceux qui désertaient devant cette bataille sans merci. Elle en comprenait les raisons.

Je suis chez moi.

Elle espérait des jours meilleurs. Elle attendrait le temps qu'il faudrait.

Mais ce temps tardait à venir.

— Tu devrais monter à Paris, lui dit Léonie, en ce matin de juin. Voir Adrien. Il sera de bon conseil ! C'est devenu un monsieur. Il est au courant de beaucoup de choses et il a des relations jusque dans les ministères. Ce sont aussi ses terres qui sont en train de mourir. Il est concerné, lui aussi.

— Il a l'air de l'avoir oublié. En tout cas, il en donne l'impression.

Depuis quand Adrien n'avait-il plus donné signe de vie ? Dans les années fastes, elle lui faisait envoyer, par le biais de son notaire de mari, la partie des bénéfices qui lui revenait de plein droit. Il accusait réception. Mais depuis deux ans, elle n'avait plus rien à lui envoyer, et il ne protestait pas.

Le silence, c'est ce qu'il y a de pire.

— Vas-y ! insista Léonie. Que risques-tu ?

Tout. Je risque tout. Je vais lui dire que je l'aime, que je ne l'ai jamais oublié, que je me suis mariée avec un autre uniquement parce que je croyais être sa sœur ; mais je ne suis pas sa sœur. Seulement, à présent, j'ai un époux…

Que je n'aime pas.

Gustave la supportait de plus en plus difficilement. Son obsession pour les vignes l'agaçait à présent. Il aurait aimé posséder une épouse tendre et attentive, pas une femme de tête déterminée à sauver ses vignes. Et puis, il voulait un enfant, et de toute évidence Nina était incapable de lui donner un héritier.

Et puis Nina n'avait jamais oublié Adrien. Il s'en rendait compte en l'observant, le soir, quand elle rêvait devant la cheminée… Cet air absent, ce sourire lointain…

Il serrait les dents ; et depuis peu, il contemplait les autres femmes en se disant qu'il méritait mieux.

Nina admit que la proposition de Léonie n'était pas sotte. D'autant plus qu'avec le chemin de fer, elle effectuerait le voyage dans de bonnes conditions.

Elle romprait ce silence qui lui pesait.

Mais qu'y avait-il à dire ?

— Nina !

Adrien en restait planté dans l'embrasure de la porte.

Nina avait pris un fiacre à la gare. Il l'avait déposée place des Vosges où Adrien avait élu domicile, au deuxième étage d'un immeuble de belle facture.

— Entre !

Il l'embrassa sur les deux joues. Elle déposa son sac dans le hall et le suivit dans le salon. Le logis, où il devait faire bon vivre, était meublé avec un goût certain ; la vue sur la place était magnifique. Un nid douillet pour deux amoureux.

— Figure-toi que je voulais aujourd'hui même t'envoyer un ouvrage… ou plutôt ces trois tomes… car je devine que si tu es venue jusqu'à moi c'est pour me parler des vignes, n'est-ce pas ? Tes chères vignes ! Les chères vignes de notre cher père ! Oui, ne me regarde pas avec ces yeux ronds, Léonie m'a parlé il y a une paire d'années, elle n'a pas voulu me cacher la vérité…

— Quelle vérité ? balbutia Nina.

La vérité peut être multiple.

— Que maître Gaillard t'a engendrée, toi, ma chère Nina, et donc que nous sommes frère et sœur de sang… ce qui explique ton mariage précipité…

Comme Nina ne répondait pas, il renchérit :

— Et je me suis marié moi aussi, en désespoir de cause. J'ai beaucoup souffert, Nina, ensuite j'ai choisi le silence. Il n'y avait rien à dire...

— Si, il reste encore un détail que tu ne connais pas... Je suis venue pour te dire que...

Elle hésitait, cherchait ses mots, se résolut à la simplicité :

— Je ne suis pas ta sœur, Adrien, comme tu n'es pas mon frère.

Elle lui raconta la visite d'Ivan, la dernière lettre écrite par le Russe, la confession de Léonie... Adrien se taisait. Il baissait la tête comme s'il avait été coupable.

— Nous sommes des victimes, Adrien. Mais il ne faut pas leur en vouloir, ils ont cru bien faire...

— Ils ont cru bien faire, répéta Adrien dans une grimace. C'est un peu facilement leur pardonner !

Ils se contemplaient, assis l'un en face de l'autre, dans cette belle pièce où le soleil entrait à flots, se déversant sur eux. L'été s'annonçait glorieux. Les raisins mûriraient, enfin ceux qui restaient, c'est-à-dire peu de grains...

— Pour ma part, je trouve que cette histoire aurait pu évoluer plus favorablement, si certains avaient eu le courage de dire la vérité ! Était-elle donc si terrible ? Je ne trouve pas !

— Mais Léonie n'était pas de cet avis ! Pour elle, c'était insurmontable. Et puis, elle voulait oublier... mais elle a toujours été bonne pour moi, malgré tout.

Ils se turent un instant, puis Adrien reprit :

— Parlons d'autre chose ! J'ai choisi pour toi ces livres que voilà... Tu les liras attentivement, et je pense que tu te rangeras à mon avis.

— Quel est ton avis?

— Les plants américains; il faut que tu te tournes vers l'Amérique et...

— L'Amérique! Mais c'est de là que vient le mal justement, le puceron en est issu... il a infesté toute l'Europe!

— C'est de l'Amérique aussi que viendra le bien, le salut, Nina! Tu dois te fier à eux! Les porte-greffes américains te sauveront. Il faut que tu saisisses cette chance.

Nina secouait la tête, doucement. Elle n'était pas convaincue, mais avait-elle une autre solution? Noyer les terres n'était pas possible, la chimie était décevante, et le temps pressait. Bientôt elle serait obligée de déclarer forfait.

— Cette étude des vignobles de France, rédigée par Jules Guyot, te sera utile, continua Adrien en désignant le paquet de livres qui attendaient en tas, prêts à être emmenés. Et ne me crois pas indifférent! J'en parle autour de moi. De nombreux scientifiques et spécialistes de l'agronomie pensent que les plants américains peuvent permettre à nos vignobles de renaître.

— Je vais étudier la question...

— Et apprendre à greffer, sourit Adrien. En compagnie de Léonie... ta mère, quoi. Elle sera ravie d'aider sa fille. Elle te doit bien cela!

Nina ne répondit pas. Elle n'avait pas eu de mal à pardonner à Léonie. Elle la comprenait. Les temps étaient si durs pour les filles mères! Et Léonie n'avait jamais levé la main sur elle, pas même la voix. L'été, elle les recevait, Tatiana et elle, dans sa petite maison de la rue des Pénitents. Et elle se pliait en quatre pour leur faire plaisir.

— Veux-tu dormir ici ? proposa Adrien. Nous avons une chambre qui sert aux amis et à la famille de ma femme quand elle vient à Paris.

— J'ai décidé de descendre à l'hôtel. Je partirai tôt demain, et je ne veux pas vous déranger…

Ce fut sur le pas de la porte qu'Adrien annonça :

— Je vais être père. Isabelle attend notre premier enfant.

Nina se raidit.

— Félicitations, Adrien, vous devez être très heureux !

— Nous le sommes, nous le sommes, se hâta de répondre Adrien.

Il referma doucement la porte sur elle. Isabelle allait rentrer. Nina aussi rentrait, chez elle, à Cahors.

Il ressentit un vide si grand qu'il faillit chanceler. Quand la reverrait-il ?

Je t'aime.

Et la sensation que tout avait été gâché, qu'il était passé à côté du bonheur, le traversa de part en part, le laissant hébété. À cause de stupides secrets ! Il éprouvait une grande tendresse pour sa femme, mais le sentiment qui le poussait vers Nina était d'un autre ordre…

De l'ordre de l'absolu.

Et il l'avait laissée partir.

J'aurais dû la retenir. Je suis fou. J'ai besoin d'elle, elle est ma vie.

Il s'écroula dans un fauteuil après s'être servi un verre de vodka. Mais même l'alcool le ramenait à Nina, à leur enfance, quand le Russe avalait ses godets, le soir, devant la cheminée, pendant que les trois enfants jouaient aux dominos.

Oublier, par pitié, oublier.

Mais il savait déjà que c'était un vœu pieux. Il ne serait pas capable d'oublier.

Dire que je ne lui ai jamais fait l'amour.

Il avait envie de frapper sa tête contre le mur, jusqu'à la faire éclater. Quel idiot il avait été! Ils avaient attendu, mais attendu quoi?

Et maintenant, il était trop tard.

Et le sentiment qui triompha de tous les autres, à cet instant, fut le remords.

Je t'aime, pensait Nina en descendant les deux étages de l'immeuble où avait vécu, sous l'Empire, le grand Victor Hugo que l'on disait bien malade.

Arrivée sur la place, elle fut obligée de s'adosser à un réverbère. Qu'avait-elle imaginé? Qu'Adrien et elle tomberaient dans les bras l'un de l'autre? Il était marié, et elle aussi. Rien n'était plus possible. De plus, il allait devenir père… et sa vie était à Paris. Leurs vies ne coulaient plus dans le même sens. Lui, il avait la Seine, elle le Lot.

Nina se sentait si lasse, si découragée, qu'elle se laissa glisser sur le sol. Une dame s'approcha, demanda si elle avait besoin d'aide.

Elle secoua la tête:

— Je vous remercie, mais je vais bien. Un instant de fatigue, c'est tout.

Elle leva vers la femme un regard où se lisait déjà l'horizon des terres arides, des collines ensoleillées et des vignobles qui doraient sous les cieux cléments.

— Je vais rentrer chez moi.

La dame sourit.

— C'est chez soi qu'on est le mieux. Nous avons tous un nid où nous réfugier.

Nina se releva. Elle avait une terre et un ciel au-dessus de cette terre, un domaine de vignes, une maison, une cazelle où elle était née.

Et un grand projet.

Ce projet la maintiendrait en vie, lui donnerait un but ; elle saurait pourquoi elle se levait le matin, et se couchait le soir. Sa vie aurait un sens.

Grâce à elle, la vigne renaîtrait de ses cendres.

Avec ou sans Adrien.

Dans le train, en regardant défiler la campagne française, elle eut brusquement la certitude que rien n'était définitif, que tout était toujours en perpétuel mouvement.

Un jour, Adrien ferait un pas vers elle.

Il suffisait d'attendre, d'espérer, d'avoir confiance en l'immense imagination de la vie.

15

L'homme et l'enfant marchaient côte à côte dans le petit matin. La campagne commençait à se réveiller en ce mois de septembre. Une brume légère montait des champs et des prés, enveloppant le paysage tout entier d'un halo de mystère. La journée s'annonçait belle, sous un soleil d'été.

Les vendanges ne vont pas tarder, pensa Adrien en serrant la main de Tatiana.

— N'es-tu pas fatiguée, Tatilou?

L'enfant leva ses grands yeux clairs sur son père et sourit.

— J'ai bien dormi et j'ai fait de beaux rêves, mais je ne m'en souviens pas, avoua-t-elle piteusement.

Tatiana était une belle enfant de quatre ans, qui, de toute évidence, avait l'habitude de la marche et du grand air. Son teint était hâlé en dépit de sa carnation de blondinette. Elle avait de solides mollets invisibles sous la robe, mais qui témoignaient qu'elle marchait beaucoup depuis un certain temps. Ses cheveux recouverts d'un joli bonnet blanc étaient noués par un ruban bleu ciel. Si ses vêtements étaient d'une grande simplicité, ils étaient propres et bien repassés. Ses chaussures montraient pourtant une certaine usure, et il aurait fallu les remplacer.

Adrien s'en était fait la remarque la veille, mais il s'était dit que cet achat était inutile.

Ils étaient presque arrivés.

— Regarde, ma chérie, c'est le Lot !

La fillette s'arrêta et observa la rivière, calme et silencieuse.

— C'est beau. C'est plus beau qu'à Paris où il n'y a pas de cours d'eau !

— Mais si, il y a un fleuve, la Seine…

— J'avais oublié !

Elle se mit à rire. C'était une enfant joyeuse et même la mort brutale de sa mère n'avait pas réussi à casser cette gaieté.

Isabelle Gaillard venait de mourir en couches, en cette même année. Le bébé, un garçon, n'avait pas survécu et avait accompagné sa mère dans le caveau familial, au Père-Lachaise. Le lendemain de cet enterrement, Adrien avait donné sa démission au journal, avait vendu les meubles et les objets, gardant seulement quelques vêtements personnels. L'ensemble se résumait à ce baluchon qu'il transportait sur son dos.

Mais il n'avait pas l'air d'un vagabond, en dépit de sa barbe mal taillée et de ses cheveux un peu trop longs. Un pèlerin, peut-être, qui s'en allait vers Saint-Jacques-de-Compostelle…

Ils marchaient depuis le mois de mars.

Ils étaient partis de Paris et avaient traversé le Massif central, couchant dans les auberges ou les fermes, parfois dans une grange. Ils restaient quelques jours, au besoin, pour permettre à Tatiana de se reposer. Mais ses économies étaient en train de fondre… et l'enfant commençait à fatiguer. Elle avait besoin d'un toit à elle, d'une chambre, et aussi d'une mère…

Il était temps d'arriver au terme de ce voyage.

S'il avait craint, au départ, d'embarquer une si jeune enfant dans ce périple, Adrien s'était vite rendu compte que la fillette s'adaptait facilement. Elle s'émerveillait de tout, s'enthousiasmait devant le moindre papillon, buvait le lait à peine sorti du pis et s'essuyait la bouche d'un revers de manche, comme une petite paysanne.

Son père lui parlait beaucoup, comme à une grande personne. Et la fillette aimait écouter cette voix grave qui lui racontait la vie.

— Ce soir, nous atteindrons l'auberge de tante Angèle, promit le père. Nous y souperons et y dormirons dans de bons lits bien douillets.

Tatiana était gourmande, elle apprécierait les petits plats que savait si bien concocter tante Angèle.

— Demain, ce sera le grand jour ! Tu verras ta maison !

— Celle qui s'appelle *Nina* et où tu es né ?

— Oui, promit encore Adrien, dont le cœur se serra.

Il connaissait l'histoire de cette plaque ; son père l'avait fait graver avec le prénom de sa fille unique et bien-aimée, à l'époque où il avait construit la maison. Il lui avait en quelque sorte dédié cette demeure blanche qui surplombait Cahors. Puis, plus tard, il avait fait arracher la plaque qui lui rappelait trop la fillette.

À cause de moi, se disait parfois Adrien, *à cause de moi l'héritier. Il n'y avait pas de place pour deux dans le cœur de maître Gaillard.*

— Adrien !

Tante Angèle avait vieilli. Mais ses yeux étaient encore suffisamment perçants pour reconnaître son neveu qu'elle n'avait pas vu depuis des décennies.

— C'est ta fille, je suppose ?

— Je m'appelle Tatiana Gaillard, répondit la fillette avec son sourire ravageur de petite fille qui se savait adorée.

— Bonjour et bienvenue à vous deux ! Mais entrez donc !

Ils pénétrèrent dans l'auberge, vide en cette fin d'après-midi.

— Hélas ! soupira l'aubergiste. Tu as sans doute remarqué que notre rivière se dépeuple... et ça empire d'année en année ! Bientôt elle sera vide, il n'y aura même plus de pêcheurs ! La route, le train, vont la tuer...

Tante Angèle se retrouvait seule dans son auberge, son mari était décédé et ses fils, les deux qui lui restaient, avaient préféré s'installer en ville.

— Je suis seule, avoua-t-elle comme s'il s'agissait d'une faute. Et je n'ai plus guère de clients, justement à cause de ce maudit chemin de fer !

Elle soupira bruyamment. Puis, soudain, elle lança :

— Je suppose que vous vous rendez là-haut ? Vous allez y trouver du changement !

— Quel changement ?

— Nina vit seule. Son mari l'a quittée pour se remarier avec une autre, à qui il a déjà fait un enfant. Divorcés, donc ! Ça a fait du remous à Cahors et dans la région, mais les gens ont fini par s'habituer. Quant à savoir qui avait raison ou tort, bien malin qui pourrait le dire ! À mon avis, ils ne s'entendaient plus depuis un bon bout de temps. Lui voulait un fils, ce qu'apparemment Nina était incapable de lui donner. Et elle, elle ne s'intéresse qu'à ses vignes !

— Ça veut dire quoi, « divorcé » ? demanda Tatiana en fixant la tante Angèle.

— Ça veut dire qu'on se sépare, et hop ! chacun de son côté comme si on n'avait jamais été mariés ! Un tour de magie, si on y pense.

Elle éclata d'un rire nerveux. Divorcer, elle y avait pensé quand elle s'était rendu compte que son mari lui était infidèle depuis le début de leur mariage. Elle n'avait fait que l'imiter et se venger en le trompant à tour de bras. Elle n'avait jamais osé envisager une séparation officielle.

— Il me reste du stockfisch. Il est aussi bon qu'autrefois, enfin quelque chose qui ne change pas ! Ensuite, je mettrai cette petite au lit, elle tombe de fatigue, la pauvrette !

Tatiana dormit paisiblement dans la chambrette qui avait été celle de Nina autrefois, au cours de son bref séjour à l'auberge.

Le lendemain matin, à l'aube, ils reprirent leur route. Tatiana piaffait d'impatience.

Le pont Valentré était toujours au même endroit, surplombant la rivière, témoin d'une prospérité qui ne demandait qu'à renaître. Le Quercy était en train de s'appauvrir, les anciens vignerons s'étaient reconvertis dans le tabac ou les céréales. Adrien avait pu constater, au cours de sa marche, combien le paysage avait changé. Beaucoup de terres étaient en jachère, à l'abandon, inexploitées ou en attente. Le vignoble avait presque entièrement disparu.

Il s'attendait même au pire. La tante Angèle ne lui avait rien dit à propos de Nina, hormis son divorce. Elle n'en savait pas plus et s'en moquait. Elle avait assez de soucis avec son auberge pour s'occuper des affaires de sa nièce.

Adrien serrait la main de sa fille. Et puis soudain devant eux, la colline apparut.

C'était une explosion de joie, de verdure, de vie.

Le vignoble était en train de renaître de ses cendres. Nina avait écouté ses conseils, avait acheté des porte-plants américains, avait greffé. Et sa patience, sa persévérance, avaient payé : la colline tout entière était semée de vignes.

Les feuilles des ceps semblaient gorgées d'avenir. Adrien eut envie de croquer dans un grain noir. C'était leur vin qui se préparait là, dans les raisins, leur malbec ! Bientôt, on pourrait à nouveau vendanger, fouler, presser la manne ! Et mettre en bouteille le précieux nectar. Le faire voyager jusqu'au bout du monde, afin que chacun puisse se régaler de ce breuvage unique. Et Cahors continuerait à vivre de son vin, pour les siècles à venir.

Il ouvrit largement les bras et annonça sur un ton grave :

— Nous sommes arrivés, Tatiana ! Ce sont nos terres !

Et d'un geste brusque, il tomba à genoux, entraînant sa fille avec lui. Tatiana ne disait rien, consciente de l'importance de ce moment unique. Elle baissa la tête vers la terre, comme son père, et marmonna une prière que sa grand-mère maternelle lui avait apprise.

— Ma chérie, n'oublie jamais ce moment ! Tu es rentrée chez toi ! Chez nous, martela-t-il avec force, même si pendant des années j'ai voulu croire que ma vie était à Paris. Mais je me suis trompé. Notre avenir est ici, Tatiana, sur nos terres.

La fillette ne répondit pas, mais son petit cœur se gonflait de bonheur. Elle aurait bientôt une maison à elle, une chambre et un lit, et des repas bien chauds servis sur une table.

Elle n'était pas une de ces pauvresses qu'elle avait croisées en chemin, qui mendiaient sans savoir où aller.

Elle, elle avait une terre qui l'accueillait.

J'ai de la chance. Merci, maman au ciel.

Elle n'en doutait pas. Sa maman ne l'avait pas abandonnée, elle veillait sur elle, sauf qu'on ne la voyait pas.

Ce fut Nina qui les aperçut en premier.

Elle ne fut pas tellement étonnée. Elle avait beaucoup pensé à Adrien, ces derniers temps. Rêvé de lui, dans son sommeil, et c'étaient des rêves bercés de douceur. Elle se réveillait toujours l'âme légère et le sourire aux lèvres.

Elle avança vers le père et la fille qui se tenaient par la main.

— Comment t'appelles-tu ? demanda-t-elle à l'enfant.

— Tatiana, mais mon papa dit parfois Tatilou. Toi tu peux dire comme tu veux.

Tatiouchka, Tatiouchka...

— On est venus, papa et moi, pour vivre ici.

La fillette désigna la maison blanche, le pigeonnier, le jardin qui jouxtait les premières vignes.

— Avec toi, puisque maman est au ciel.

Elle désigna le ciel, immense et bleu, qui s'étalait au-dessus des vignes.

— Maman nous regarde, elle est contente de voir que nous sommes rentrés à la maison, papa et moi.

Nina remarqua le baluchon sur le dos d'Adrien, les souliers usés de la fillette ; ils avaient voyagé comme des pèlerins, pauvrement, en s'abîmant les pieds et en s'ouvrant l'âme.

Mais n'était-ce pas naturel de revenir à pied vers la terre des origines ?

Collection
TERRITOIRES

Jean ANGLADE
Une vie en rouge et bleu
Le Dernier de la paroisse
Le Choix d'Auguste
Le Sculpteur de nuages
Les Cousins Belloc
Le Grand Dérangement

Sylvie ANNE
Le Gantier de Jourgnac
La Maison du feuillardier

Sylvie BARON
Un été à Rochegonde
Les Ruchers de la colère
L'Auberge du pont de Tréboul
L'Héritière des Fajoux
Rendez-vous à Belinay
Terminus Garabit
Un coin de paradis

Jean-François BAZIN
Les Raisins bleus
Le Clos des Monts-Luisants
Le Vin de Bonne-Espérance
Les Compagnons du grand flot
Le Maître de la lumière
Le Dernier tonnelier

Henriette BERNIER
Le Baron des champs

Jean-Baptiste BESTER
L'Homme de la Clarée
Plus près des anges
Les Amants de Sainte-Catherine

Françoise BOURDON
Le Moulin des Sources
Le Mas des Tilleuls
La Grange de Rochebrune
Retour au pays bleu
Le Fils maudit
Les Sentiers de l'exil
Les roses sont éternelles
Le Maître du Castellar
Le Secret de Belle Épine
Retour en Provence

Édouard BRASEY
Les Lavandières de Brocéliande
Les Pardons de Locronan
La Sirène d'Ouessant
L'Affaire Cabre d'or
Le Domaine des oliviers

Patrick BREUZÉ
Les Remèdes de nos campagnes
La Valse des nuages
L'Étoile immobile
Mon fils va venir me chercher
La Montagne pour refuge

Michel CAFFIER
Corne de brume
La Paille et l'Osier
Les Étincelles de l'espoir

Anne COURTILLÉ
La Tentation d'Isabeau
Le Gaucher du diable
Les Damoiselles de Clermont

Annie Degroote
Les Racines du temps
D'infinies promesses

Jérôme Deliry
Une rivière trop tranquille
L'Héritage de Terrefondrée
La Maraude

Raphaël Delpard
L'Enfant sans étoile
Pour l'amour de ma terre
L'enfant qui parlait avec les nuages
Le Courage de Louise

Alain Dubos
La Mémoire du vent
La Corne de Dieu
Le Dernier Combat du Dr Cassagne

Marie-Bernadette Dupuy
Les Fiancés du Rhin
Angélina
Angélina. Les mains de la vie
Le Temps des délivrances
La Force de l'aurore

Élise Fischer
Les Noces de Marie-Victoire
Je jouerai encore pour nous
Villa Sourire
L'Étrange Destin de Marie
Le Jardin de Pétronille
Aux Deux Hirondelles
Les Femmes des terres salées
La Promesse du sel
Le Vin de Pâques
Marionnettes d'amour

Emmanuelle Friedmann
Le Rêveur des Halles
La Dynastie des Chevallier
L'Orphelinat
La Faute des autres

Alain Gandy
Les Cousins de Saintonge

Gérard Georges
Une terre pour demain
Le Destin des Renardias
Le Bal des conscrits
Mademoiselle Clarisse
Anatole, fils de personne
La Mésangère

Georges-Patrick Gleize
La Fille de la fabrique
Pas plus tard que l'aurore
Le Serment des oliviers
Le Vent de la jeunesse
Quelques pas dans la neige
Les Noisetiers du bout du monde
Le Crépuscule des Justes
Même les pierres ont une histoire

Yves Jacob
Sous l'ombre des pommiers
Le Silence de Justine

Hélène Legrais
L'Ermitage du soleil
Les Héros perdus de Gabrielle
Les Ailes de la tramontane
La Guerre des cousins Buscail
Les montagnes chantaient la liberté
Ceux du Château, ceux du Moulin
Trois gouttes de sang grenat
Les Anges de Beau-Rivage
Le Bal des poupées
Le Front dans l'azur
Nous étions trois

Philippe LEMAIRE
Rue de la Côte-Chaude
L'Enfant des silences
L'Oiseau de passage
La Mélancolie du renard

Éric Le NABOUR
Retour à Tinténiac
La Louve de Lorient
À l'ombre de nos larmes
La Frondeuse
Cécile et les Beaujour

Jean-Paul MALAVAL
L'Or des Borderies
Soleil d'octobre
Les Noces de soie
La Villa des térébinthes
Rendez-vous à Fontbelair
La Folie des Bassompierre
Chronique des Strenquel
La Bastide aux chagrins
Les Sœurs Querelle
Les Larmes de la pinède
La Belle Étrangère
Adélaïde au bord de la falaise
Les Gens de Combeval
La Souveraine en son domaine
Un si joli mariage
Rue de la Fontaine-bleue
Un cœur solitaire dans une maison trop grande

Antonin MALROUX
La Promesse des lilas
La Cascade des loups
La Pierre marquée
L'Homme aux ciseaux d'argent
Les prés refleuriront
Fenêtre sur village
Marie des Adrets
L'Espoir de belles aurores
Le Pain de paille
Le Cœur de mon père
Le Charpentier du paradis

Jean-Luc MOUSSET
L'Enfant des labours
Le Secret de Neige

Frédéric PONS
Les Pèlerins du diable

Agathe PORTAIL
L'Année du gel

Nicole PROVENCE
Le Secret d'Aiglantine

Joël RAGUÉNÈS
La Maîtresse de Ker-Huella
La Dame de Roz Avel
La Sirène du port
Les Trois Saisons de la vie
L'Or du lin
Les Vies de Jeanne
Pêcheurs du bout du monde

Florence ROCHE
La Terre des Falgères
L'École du lac
La Réfugiée du domaine

Élisabeth SEGARD
Une certaine idée du paradis

Geneviève SENGER
La Maison Vogel
L'Enfant de la Cerisaie
La Dynastie des Weber
Les Jumeaux du val d'amour
La Promesse de Rose
Les Bellanger
La Dame des Genêts
L'Or de Salomé

Jean Siccardi
La Source de saint Germain
Le Maître du diamant noir
L'Ivresse des anges
L'Auberge du gué
Gaston des vignes

Bernard Simonay
L'Or du Solognot

Jean-Michel Thibaux
L'Olivier du Diable
Le Maître des Bastides
Le Rappel du tambour

Katia Valère
Après la nuit vient l'aube

Brigitte Varel
Le Secret des pierres

Louis-Olivier Vitté
La Guérisseuse de Peyreforte
Là où coule une rivière
Le Secret de Tire-Lune
La Statue engloutie
La Dame des vignes hautes
La Femme qui voulait voir la mer
Petit Jean

Colette Vlérick
L'Enfant sur le pont
Un air de liberté
La Nacre des abers
Dans la lumière de Pont-Aven

Photocomposition Belle Page
Achevé d'imprimer en décembre 2020
par l'imprimerie Laballery
58202 Clamecy
pour le compte des éditions Calmann-Lévy
21, rue du Montparnasse 75006 Paris

PAPIER À BASE DE FIBRES CERTIFIÉES

CALMANN LÉVY s'engage pour l'environnement en réduisant l'empreinte carbone de ses livres. Celle de cet exemplaire est de :
1 kg éq. CO_2
Rendez-vous sur www.calmann-levy-durable.fr

N° d'éditeur : 1723574/02
N° d'imprimeur : 011516
Dépôt légal : décembre 2020
Imprimé en France